城市路桥安全应急管理

重庆市城市建设投资（集团）有限公司
重庆市城投路桥管理有限公司 编

西南交通大学出版社
·成 都·

图书在版编目（CIP）数据

城市路桥安全应急管理 / 重庆市城市建设投资（集团）有限公司，重庆市城投路桥管理有限公司编. —成都：西南交通大学出版社，2017.11
ISBN 978-7-5643-5859-4

Ⅰ. ①城⋯ Ⅱ. ①重⋯ ②重⋯ Ⅲ. ①城市道路 – 交通运输安全 – 安全管理②城市桥 – 交通运输安全 – 安全管理 Ⅳ. ①U491

中国版本图书馆 CIP 数据核字（2017）第 264713 号

城市路桥安全应急管理

重庆市城市建设投资（集团）有限公司 重庆市城投路桥管理有限公司　编	责任编辑／姜锡伟 助理编辑／宋浩田 封面设计／严春艳

西南交通大学出版社出版发行
（四川省成都市金牛区二环路北一段 111 号西南交通大学创新大厦 21 楼　610031）
发行部电话：028-87600564　　028-87600533
网址：http://www.xnjdcbs.com
印刷：四川煤田地质制图印刷厂

成品尺寸　170 mm×230 mm
印张　10.25　　字数　203 千
版次　2017 年 11 月第 1 版　　印次　2017 年 11 月第 1 次

书号　ISBN 978-7-5643-5859-4
定价　28.00 元

课件咨询电话：028-87600533
图书如有印装质量问题　本社负责退换
版权所有　盗版必究　举报电话：028-87600562

编委会

主　　　任： 陈建伟
常务副主任： 李　波
副　主　任： 杨　忠　　王秀莉　　周念忠
委　　　员： 周宗琼　　龙俊才　　张光权
　　　　　　李　政　　董方培　　胡　涛
　　　　　　向双林　　张一帆　　潘　红

编辑部

主　　编： 李　政
副 主 编： 孙莉莎　　王昌林
成　　员： 刘会贵　　帅　林　　龚汉锡
　　　　　李泽军　　孙　科　　黄　彬
　　　　　李　怡　　彭俊超　　徐　超
　　　　　张徐杏　　贾　丽　　李　强
　　　　　唐贵才　　武晓敏

序

流淌在神州大地上的父亲河和母亲河，孕育了灿烂的中华文明。作为世界河流数量最多、流域面积最广的国度之一，在这片江河汇聚的热土上，英勇不屈的中华儿女从未停止过越沟壑、跨天堑的探索，创造了无数令人惊叹的大桥工程。越过五千年的岁月，现今，中国已成为世界第一桥梁大国，为早日实现中国梦写下了壮丽的华章，此所谓"金桥铺陈两江岸，敢叫神州换新天"。

习近平总书记在党的十九大报告中指出："树立安全发展理念，弘扬安全第一的思想，健全公共安全体系。"城市路桥隧作为国家重大战略资产，安全管理尤为重要。所谓"三分靠建，七分靠管"，如何管护好大桥，这是摆在我们面前的重大课题，而路桥安全应急管理工作更是保障路桥安全运行的重中之重。目前，我国路桥管理体系不统一、管理单位性质复杂、管理方式各不相同。故此，本书抛砖引玉，投石问路，希望引起业内重视。

我们本着"承路桥应急管理之过往经验，启路桥应急技术之未来应用"的目的，围绕路桥安全应急管理这一主题，通过对路桥安全应急管理的过往理论技术和管理经验的总结，精心编撰了本书，旨在为今后路桥安全应急管理工作提供借鉴，为国家的应急管理方针政策在路桥管理领域的贯彻和应用提供参考。

本书收录内容，既涵盖了路桥管理领域的法律法规、应急体系建设、应急预案等宏观的指导性文档，又囊括了路桥应急演练、路桥应急抢险救灾、应急指挥等具体的操作内容。全书收集了丰富的路桥安全应急管理、处置的案例，全面概括和分析总结了路桥应急管理中的成功做法和经验，为今后路桥应急管理提供参考，具有较好的实践指导性。

本书编委会为多年从事路桥管理工作和安全管理理论研究教学的人员组成，具有丰富的路桥应急管理经验和理论素养，保障了本书的科学性和实践性。全书编写规范，案例丰富，实践性强，通俗易懂，能够为路桥应急管理人员提供参考，也可为初学人员迅速掌握路桥应急管理技术提供帮助。

2017 年 11 月

前　言

随着市政建设的发展，城市桥梁数量的增加，机动车数量的增长，桥梁超负荷运行的现象逐渐增加，桥梁结构及设备设施病害逐渐凸显，地质灾害、交通事故、施工不当等外界因素对桥梁结构的损伤也时有发生，城市桥梁安全管理形势较为严峻。

本教材针对当前城市桥梁安全应急管理工作中存在的突出问题和薄弱环节，结合国家安全监管总局颁布实施的《企业安全生产应急管理九条规定》，紧密联系生产生活实际，通过对城市桥梁管理过程中的典型事故案例的深入剖析，以案说规定，系统详尽地介绍了城市桥梁应急管理和事故应急救援与处置工作中的具体要求，包括落实责任、机构人员、队伍装备、预案演练、培训考核、情况告知、停产撤人、事故报告、总结评估等内容。通过安全应急管理技术和知识的普及等措施，进一步提高城市桥梁管理各级各类人员的应急能力和管理能力，减少事故的发生，降低事故的损失。

本书共分为六篇，内容主要包括应急管理概论、路桥应急救援体系、路桥应急管理法律法规、路桥安全应急预案、路桥应急演练、抢险救灾报告编制。较为全面地概了路桥应急管理的相关要素，旨在通过提高应急管理的能力和水平达到安全稳定运行的目的，以控制和减少事故的发生、损失的产生。

本书由重庆市城市建设投资（集团）有限公司和重庆市城投路桥管理有限公司编，重庆城市管理职业学院老师参加编写，第一篇主要由贾丽、李泽军编写，第二篇主要由李强、孙科编写，第三篇主要由李政、唐贵才编写，第四篇主要由孙莉莎、黄彬编写，第五篇主要由武晓敏、王昌林编写，第六篇主要由武晓敏、张徐杏编写。

本书可为从事路桥管理相关企业的安全管理技术人员和操作人员提供参考，也可作为高等院校安全专业的教材。由于编者时间和水平有限，不妥之处在所难免，欢迎广大读者批评指正。

编辑部

2017 年 11 月

目 录

第一篇 路桥应急管理概论
- 第一单元 路桥突发事件应急管理 ··· 1
- 第二单元 路桥安全应急管理的内涵、特点与任务 ····················· 11
- 第三单元 典型案例 ·· 18

第二篇 路桥应急救援体系
- 第一单元 路桥应急救援管理体系概述 ······································· 22
- 第二单元 路桥应急救援管理体系的构建 ···································· 26
- 第三单元 典型路桥应急处置案例分析
  ——路桥应急救援体系运行示例 ································· 35

第三篇 路桥应急管理法律法规
- 第一单元 路桥应急管理法律法规简介 ······································· 40
- 第二单元 路桥管理法律制度 ·· 42
- 第三单元 路桥应急管理法律制度 ··· 51
- 第四单元 路桥应急管理有关的侵权责任及索赔 ·························· 56
- 第五单元 案例分析 ·· 59

第四篇 路桥安全应急预案
- 第一单元 应急预案概论 ·· 67
- 第二单元 路桥管理应急预案框架体系 ······································· 71
- 第三单元 路桥应急预案编制 ·· 79
- 第四单元 路桥应急预案管理 ·· 90
- 第五单元 路桥管理应急典型案例及案例解析 ····························· 95

第五篇 路桥应急演练
- 第一单元 应急演练概述 ·· 105
- 第二单元 路桥应急演练组织机构及职责 ···································· 110

  第三单元 路桥应急演练的组织实施及总结 …………………… 113
  第四单元 路桥应急演练方案 ……………………………………… 122

第六篇 抢险救灾报告编制
  第一单元 抢险救灾报告的编制 …………………………………… 141
  第二单元 路桥抢险救灾报告 ……………………………………… 145

第一篇 路桥应急管理概论

第一单元 路桥突发事件应急管理

一、路桥突发事件概述

（一）路桥突发事件的概念

突发事件，广义上可理解为突然发生的事情，包括两层含义：一是事件发生、发展的速度很快，出乎意料；二是事件难以应对，必须采取非常规的方法来处理。突发事件，狭义上可理解为意外地、突然发生的重大或敏感事件，即天灾人祸。前者指自然灾害，如地震、洪涝、飓风等；后者与天灾相对，是人为的灾祸，如恐怖事件、社会冲突、车祸等。

依据《中华人民共和国突发事件应对法》，突发事件是指突然发生，造成或者可能造成严重社会危害，需要采取应急处置措施予以应对的自然灾害、事故灾难、公共卫生事件和社会安全事件。

由此，路桥突发事件是指在路桥内突然发生，造成或者可能造成重大人员伤亡、财产损失、生态环境破坏和严重社会危害、危及公共安全的紧急事件，如交通事故、自然灾害、设施设备故障等，如果不及时处理，有可能造成严重的社会危害。近几年，国家对基础设施建设更加重视，进一步推动了路桥建设管理事业的发展，和其他市政设施相比，路桥管理作业环境复杂，事故隐患较多，随时可能发生多种突发事件。如施工单位在大桥安全区内挖掘、存放爆炸物，因连续暴雨导致边坡滑坡等等，如果发现不及时、处理不得当，可能发生二次伤害，造成交通严重拥堵或重大财产损失，社会影响恶劣。

（二）路桥突发事件的特点

（1）突发性、紧急性：路桥突发事件的发生带有很强的随机性，突然爆发，容易引发连锁反应，要求立刻做出有效的应急反应，刻不容缓。

（2）不确定性：突发事件各有各的情况，无法有效地预测，很难根据经验性的知识对其发生的时间、地点、方式、种类、规模给出一个明确的客观判断，所以针对它的应急处置必须采取非程序化决策。

（3）危害性：突发事件除能导致大量人员伤亡和妨碍心理健康外，还可能造成巨大的财产损失，甚至会影响经济、政治、军事、文化以及社会安定，许多突发事件还具有后期效应和远期效应。

（4）多样性：路桥突发事件具有其独特性，每次突发事件必定有其不同于一般事件的特殊性，相同事件导致的后果不尽相同，相同事件诱发的原因或事件的性质也不相同。

（5）可防可控性：虽然路桥突发事件一般是突然发生的、偶然的，有些甚至是不可避免的。但大多数突发事件是可防可控的。这要求相关部门的管理者除了掌握桥梁的结构并具有专业修复的能力外，还应具有高度的责任心，居安思危、未雨绸缪，需建立一整套实用、有效的应对机制，只要措施采取得力，方法有效，执行没有偏差，可将隐患消除在萌芽的状态。

（6）区域性。从定义来看，路桥突发事件指的是在路桥管理范围内发生的突发事件，但其造成的影响一般不仅限于路桥管理范围内，其影响会波及其他区域，甚至会波及整个城市的交通、安全等各个方面，其所涉及的人员、造成的后果甚至更多更严重。

二、路桥突发事件的分类及分级

（一）路桥突发事件分类

将路桥突发事件进行分类，对明确责任、制定预案、科学组织、整合资源具有重要意义，是突发事件应急管理的基础工作之一。根据《国家突发公共事件总体应急预案》并结合市政公用行业突发事件的特点，路桥突发事件发生的原因包自然因素和人为因素，可以将它们大致分为以下两种类型。

1. 自然灾害

我国是遭受气象灾害、地质灾害等自然灾害最严重的国家之一，灾害种类多、分布地域广、发生频率高、造成损失重。结合路桥安全管理实践，路桥自然灾害突发事件主要表现为：暴雨、地震、台风等不可抗力事件导致的主桥、立交、隧道或其附属设施（如边坡或挡墙等）发生垮塌或者其他重要设施的损坏；汛期发生的重要道路被淹没；大雾、冰雪等恶劣天气造成的道路不具备通行能力等。安全质量抢险事故如特大暴风雨席卷山城，造成大桥沿线部分边坡垮塌，道路大量积水，致使沿线交通严重堵塞。桥面结冰，致使车辆打滑，车辆失控与其他车辆或构筑物相撞，导致车辆严重受损，由于桥面结冰地段较大，现场可能发生次生事故，导致事态进一步扩大。

2. 人为灾害

由人类不合理活动引发的灾害，种类很多。在路桥突发事件中，主要指营运事故、设施安全隐患、火灾、安全质量抢险事故和其他事件。

（1）交通事故：由于驾驶员操作不当，使得车辆与车辆或与构筑物碰撞，导致的人员伤亡或设施损坏事件；车辆事故造成的大面积漏油或发生自燃事件；船舶等大型河道漂浮物失控危及桥墩等的突发事件。

（2）运输危险化学品车辆滞留或危险化学品泄漏：危险化学品运输车辆在路桥安全范围内运输或滞留等过程中如发生意外，极可能酿成大事故，将会严重威胁人民群众的生命安全，造成巨大的经济损失，对生态环境造成严重破坏。并且危险化学品事故的处置危险性大、难度大。

（3）火灾事故：路桥及其安全范围失火，对桥梁设施及过行车辆造成严重威胁，包括设施设备自燃、人为纵火、责任火灾等。如大桥供配电设施发生火灾、办公区域或重点要害部位发生的火灾。

（4）设施安全事故：路桥主体及其附属设施存在缺陷，如桥面系：坑洼、松散、跳车、摩阻力、栏杆缺失、灯杆倒塌等缺陷；上部结构：构件裂缝、钢结构（含索体系）锈蚀断裂、主桥主梁主桁滑落、断裂、垮塌及塔柱倒塌、主体结构失去承载力等缺陷；下部结构：构件裂缝、基础滑移沉降、墩台倾斜、冲刷等缺陷。

（5）施工事件：指在周边项目建设，从事危及大桥设施安全的活动，如从事采沙、取石、挖掘、取土、爆破等，维护项目违规操作、占道作业、高空作业、动火等。

（6）治安事件（含群体闹事事件）：在管辖范围内发生，发生的上访请愿、游行示威、堵塞交通、群体性械斗、冲突、聚众闹事、冲击大楼和关键部门，大规模打、砸、抢、烧犯罪事件以及恐怖分子针对大桥的破坏活动。如2015年A桥旁的B小区居民50余人因供水纠纷，上桥阻断交通的群体性突发事件。

（7）其他事件，主要包括人员轻生或突发急病、物品的洒落等。如漏水油的车辆撒漏，致使路面严重污染，不但散发异味且造成过往车辆打滑，对过往车辆安全通行及周边环境造成严重影响。

（二）路桥突发事件的分级

路桥突发事件的分类和分级是制定路桥突发事件应急预案的基础，它直接影响了预案中的应急响应程序。依照"以人为本、预防为主、统一领导、分级负责"的原则，根据《中华人民共和国突发事件应对法》《国家安全生产事故灾难应急预案》《突发事件应急预案管理办法》等国家相关法律法规和地方政府相关规定。各类突发事件按照其性质、严重程度、可控性和影响范围等因素分为一般事故（Ⅳ级）、较大事故（Ⅲ级）、重大事故（Ⅱ级）、特别重大事故（Ⅰ级）4个等级，Ⅰ级为最高级别。路桥突发分级及响应的关系见表1-1。

表1-1　事故对于等级划分及其响应

级别描述	损害后果	响应级别	响应主体
特别重大	★30人以上（含失踪）死亡 ★100人以上（含100人）重伤 ★1亿元以上（含1亿元）直接经济损失 ★需要紧急转移安置10万人以上 ★跨江大桥主跨垮塌	Ⅰ级	国家

续表

级别描述	损害后果	响应级别	响应主体
重大	★造成10~29人死亡（含失踪） ★50人以上、100人以下重伤 ★5 000万元以上、1亿元以下的直接经济损失 ★需要紧急转移安置5万人以上、10万人以下 ★跨江大桥的主引桥垮塌	Ⅱ级	省级
较大	★造成3~9人死亡（含失踪）， ★10人以上、50人以下重伤 ★造成3 000万元以上、5 000万元以下的直接经济损失 ★需要紧急转移安置1万人以上、5万人以下 ★立交桥垮塌	Ⅲ级	市级
一般	★造成3人以下死亡（含失踪） ★10人以下重伤， ★3 000万元以下的直接经济损失 ★造成或需要紧急转移安置人员1万以下 ★高架桥单跨垮塌。	Ⅳ级	县级

备注：对特殊事件、事故，可能演化为重大、特别重大事故的，不受上述分级标准的限制。

突发事件的发生难以预测，处置的时间紧迫，且需要坚强的领导，需要政府力量的介入，并且需要动员社会人力、物力才能完成。统一领导、综合协调、分类管理、分级负责、属地管理为主的突发事件应急管理体制建设的原则，有利于快速、高效、科学地处置城市桥梁事故灾难。对一般、较大事故，按桥梁隶属关系由事发地区县（自治县）人民政府或市政府有关部门负责指挥处置。对重大事故，由省（直辖市）政府负责指挥处置，省政府有关部门按照各自职责，做好应急处置工作。发生特别重大事故，由国务院统一领导和协调。这是由我国应急资源的配置特点确定的，政府行政级别越高，所掌握的资源越多，处置突发公共事件的能力越强。对于突发事件的分级，必须注意以下几个问题：（1）突发公共事件的分级标准有待进一步明晰化；（2）突发公共事件在不断地演化，分级是动态的；（3）对于情势不明朗的突发事件，应遵循"就高不就低"的分级原则；

（4）对敏感事件、敏感地点和敏感性质的突发事件的分级，定级要从高。

《国家突发公共事件总体应急预案》规定："各地区、各部门要针对各种可能发生的突发公共事件，完善预测预警机制，建立预测预警系统，开展分析，做到早发现、早报告、早处置。根据预测分析的结果，对可能发生或可以预警的突发事件进行预警。"

按照事故可能造成的伤亡情况或可能造成的严重后果，将城市桥梁事故预警信息分为：一般预警（Ⅳ级）、较大预警（Ⅲ级）、重大预警（Ⅱ级）、特别重大预警（Ⅰ级），并分别以蓝色、黄色、橙色、红色予以标识。

一般预警（Ⅳ级、蓝色预警）：可能造成3人以下死亡、10人以下重伤，或造成3 000万元以下的直接经济损失，或转移安置人员1万人以下，或高架桥单跨垮塌。

较大预警（Ⅲ级、黄色预警）：可能造成3~9人死亡，或10人以上、50人以下重伤，或造成3 000万元以上、5 000万元以下的直接经济损失，或需要转移安置1万人以上、5万人以下，或立交桥垮塌。

重大预警（Ⅱ级、橙色预警）：可能造成10~29人死亡，或50人以上、100人以下重伤，或5 000万元以上、1亿元以下的直接经济损失，或需要转移安置5万人以上、10万人以下，或跨江大桥的主引桥垮塌。

特别重大预警（Ⅰ级、红色预警）：可能造成30人以上死亡，或100人以上重伤，或1亿元以上的直接经济损失，或需要转移安置10万人以上，或跨江大桥主跨垮塌。

对特殊事件、事故，可能演化为重大、特别重大事故的，不受上述分级标准的限制。突发事件的分级与预警分级是有密切关系的，但两者却不是一回事。有时发出特别严重的预警，而实际发生的却是较大突发事件。因此，在突发事件预警期间，预警级别在不断地调整，应随时关注事件预警的变化，采取相应的对策和措施。

三、路桥突发事件现状

目前，我国突发事件应急管理体制已初步建成。从中央到地方政府层面，我国已形成了由国务院统一领导，分地域、分部门、分过程对各类突发事件进行应急处置的管理模式。

（一）路桥应急管理统一指挥系统初步形成

突发事件应急管理作为一种非常态的管理，需要在短时间内统一调配各种应急资源以及调动各相应部门配合工作，以达到面对突发事件具备相应的快速反应能力和行动能力。这就需要成立一个由各个职能部门相互协调、共同合作的应急管理核心机构。如国务院应急管理办公室，便是我国面对突发应急事件的最高指挥机构。2002年，《中华人民共和国安全生产法》规定，政府和企业应制定事故应急预案。应急管理机构的主要职能是根据事故应急预案，预防和处置突发公共事件。路桥管理部门基本上根据突发事件等级成立了相应的指挥机构。如某路桥公司结合路桥安全营运和管理实际情况，制定了《生产安全事故应急预案》《建设工程应急抢险暂行办法》《路桥设施抢险管理办法（暂行）》等，在这些预案、办法中明确了事故、事件处置的相应指挥机构。

（二）路桥应急联动机制基本建立

路桥安全突发事件一旦发生，紧急应对时所涉及的应急部门众多，这就要求路桥运营部门在自身应对突发事件的同时要加强与政府各职能部门的协调。重庆桥梁众多，城市路桥具有安全执法多部门、多行业的特点，同时又具有城市小居民互相认识帮衬的人文特点，这决定了路桥安全突发事件的应对过程必然涉及多个部门。在应急抢险过程中，各部门间不仅存在协作和互相影响的问题，还可能存在抢险对象和工作职责交叉重叠的现象。比如，危险化学物品运输车辆在路桥上造成的交通事故，在处理的过程中除常规的路桥营运管理部门外，还将涉及当地政府、卫生、消防、交通等众多执法部门。再比如，交通突发事件发生后，涉及的有关职能部门有治安警、交警、医院、消防、施救、保险等。在多部门联合参加的路桥突发事件抢险救灾中，路桥营运部门不仅要按序开展本部门的救援行动，还要兼顾其他部门和单位，有效沟通互相协作，适用正确的法律法规，及时做出合法合理的行政行为，确保处置过程高效、合理。

(三) 路桥应急管理的相关法律法规有待进一步完善

党中央、国务院对加强安全生产工作极为重视，制定了《中华人民共和国安全生产法》、国家安监总局《生产安全事故应急预案管理办法》、国资委《中央企业全面风险管理指引》、国标《企业安全生产标准化基本规范》等一系列法律法规、方针政策、安全标准。但是，国家对路桥安全应急管理领域的覆盖不够全面，相关法律法规和制度不完备，在很大程度上造成了地方上路桥安全应急管理机制的不完善。虽然我国在应对公共交通突发事件方面有《中华人民共和国突发事件应对法》《国家突发公共事件总体应急预案》《公路交通突发公共事件应急预案》《水路交通突发公共事件应急预案》等一系列的法律和法规，也把公共交通应急管理纳入了法制的轨道，重庆市各级政府部门也相应地出台了符合当地特色的公共交通突发事件的预案，但这些法律法规的内容过于抽象，强调原则性，缺乏具体的、可执行的、有操作性的实施细则，而且缺乏与应急程序相配套的法律规范、法律制度，没有相应的法律规范应急措施的适用范围、程序及原则、约束机制、补救机制、信息公开制度、行政补偿制度、交通安全突发事件管理预算制度等各种内容，远远不能满足社会现实的需求。如急需解决的多部门条块分割、各自为政、信息不畅、效率低下等问题。

(四) 路桥应急管理的技术和手段还有待创新

我国对应急管理的研究起步较晚，有很多营运管理部门还存在根据经验来进行应急管理的情况，对各种先进的信息技术、人工智能技术以及应急管理技术运用甚少，缺乏应急管理所需的信息收集和分析平台，信息资源难以实现共享。

同样路桥信息管理体制层级明确，要求以部门为单位逐级汇报。但若需要兄弟部门或其他单位协助，则需上一级部门协调沟通。处置涉外案件或事件时，个人、基层办案单位不得擅自处置，必须先向市公安局上报情况，得到批准后，还必须及时向外事等部门通报处理情况。

新常态呼唤着应急手段的创新。一是进一步以信息化手段提升路桥应急管理和服务能力。充分应用现代电子信息技术，创新应急工作流程，简化工作程序，充分实现应急管理和指挥平台的电子化、网络化和自动化。二是推动应急管理手段与各领域新技术创新结合。利用当代最新的防火、防范台风、防范地震等现代科技和各领域新技术、新能源、新材料，充分发挥它们在应急预测和救援中的重要作用。三是对灾害恢复的社会应急服务手段进行创新。

（五）路桥风险评估体系已基本建立

安全风险管理就是对可能产生的各种风险进行识别、衡量、分析、评价，及时采取有效的方法进行防范和控制，借助安全风险管理，实现改善安全生产环境、减少安全生产事故等目标而采取的措施和规定，以实现安全保障最大化的一种科学管理方法。基于此，安全风险管理应作为路桥管理单位的一个重要内容，也是路桥管理单位承担社会责任管理中的风险控制的主要环节。路桥管理部门通过建立安全风险管理方案，规范管理部门的安全生产行为。通过构建"统一指挥、职责明确、行动有效"的安全风险管理模式，推进全员、全方位、全过程的安全风险管理。将安全风险管理纳入单位生产经营的全过程。全面提升安全风险防控能力，遏制重特大事故的发生，确保人民生命财产的安全和国家战略性资产流动的安全畅通。

近年来，安全生产力度进一步加大，路桥安全风险防范体系进一步健全，对从根本上遏制重特大事故的频繁发生起到了关键的作用。

路桥管理企业应始终秉持"安全、畅通"的企业宗旨，贯彻落实有关安全工作的各项规定和标准，结合实际，制定一系列的安全管理制度，形成从上到下以构建安全风险管理方案为核心，以保障国家和人民群众生命财产安全为根本，以风险识别为基础，以风险评估为手段，以风险控制为目的，统筹组织、条块结合，分类管理、分级负责，全面开展、重点突破、动态评估、综合控制，全面提升安全风险管控能力的安全生产管理体系。通过依法治企、以规管企，着力构建源头治理、动态管理、应急处置相结合的安全风险管理机制，有效预防和切实减少各种安全事故的发生。

四、路桥应急管理的基础和背景

(一) 路桥应急管理的基础

近几十年，世界上各类突发事件不断发生，给人类社会稳定造成了巨大的影响，应急管理的产生成为必然。如2001年发生在纽约的"9·11"恐怖袭击事件，2003年出现在我国的"SARS"事件。这两起事件都具备了突发事件的所有特征：信息高度缺失、突然性、消极性、公众性、大范围、大损失、大恐慌。应急管理正是以此发端，进入公众视野。

人们发现，突发性的灾难离所有人的生活都如此近。突发事件的发生突然，发展迅速。随着突发事件的发展、演变，可能造成的损失会越来越大。事实证明，突发事件虽然不能被预测，不能被提前消灭，但可以通过积极的应急管理方法和手段，达到事前降低发生率、事发时很好地应对以降低危害程度、事后减少损失的目的。如何科学地应对和及时有效处置突发事件，是当今各国政府必须面对的一个重大课题。

此后，人们开始审视更多的灾难事件，希望通过对它的了解来规避灾难，或者至少要在其来临时有处置和应对的积极措施。通过对这些事件的原因、过程及后果进行归类分析、总结经验教训，提出预警、控制和处理措施，也就演化为现在较为系统、清晰的应急管理。所以，从某种意义上讲，突发事件的发生和对突发事件的应对，推动了人类历史的进步。突发事件的后果严重干扰了人们正常的生活，造成巨大的经济损失，甚至危及人们的生命安全。所以各国政府及联合国逐渐意识到应急管理的重要性，并不断从各个方面来加强应急管理，把应急管理提到一个新的高度，从战略的角度来重视应急管理。

在应急管理中，以信息系统为核心的应急平台，起到操作性的作用。信息技术的发展和成熟，使得这方面的内容在目前已经没有了技术上的障碍。即时监控和模式识别等领域也正在做技术攻关，从很大意义上来讲，技术的发展是提高应急管理效率的至关重要的支持。

（二）路桥应急管理的背景

随着城市化、现代化、信息化的高速发展，人类社会日趋复杂，随之而来的是前所未有的、不断扩散的不确定性。城市对信息系统和社会公共服务系统的依赖性越强，所面临的不安全因素就越多，各种突发事件发生的可能性和频率也越高；单个突发事件极易引发一系列突发事件，并通过危害乘数效应、扩散效应急剧放大，给经济发展、社会稳定、公共安全造成难以预计的影响。市政公用行业功能的安全畅通是有效识别预警、实施救援处置突发事件的最基本的前提，为最大限度地挽救人民生命、最大限度地减少经济损失提供了可能。

随着市政建设的发展，城市桥梁数量增加速度较快，机动车数量增长迅速，桥梁长期超负荷运行的现象是普遍存在的，桥梁结构及设备设施病害逐渐显现，其他如地质灾害、交通事故、施工不当等外界因素对桥梁结构的损伤也时有发生，城市桥梁安全形势日趋严峻。

第二单元　路桥安全应急管理的内涵、特点与任务

一、路桥应急管理的内涵

突发事件和相应的路桥应急管理是紧密相连的。路桥应急管理是指为了迅速、有效地应对可能发生的路桥事故灾难，控制或降低其可能造成的后果和影响，而进行的一系列有计划、有组织的管理。

路桥应急管理是对重大事故的全过程管理，贯穿于事故发生前、中、后的各个过程中，包括为应对突发事件而采取的预先防范措施、事发时采取的应对行动、事发后采取的各种善后措施及减少损害的行为，包括预防、准备、响应和恢复等各个阶段，充分体现了"预防为主、常备不懈"的应

急理念。

传统的突发事件应急管理注重发生后的即时响应、指挥和控制，具有较大的被动性和局限性。从 21 世纪 70 年代后期起，更加全面更具综合性的现代应急管理理论逐步形成，并在许多国家的实践中取得了成功。无论在理论方面还是在实践方面，现代应急管理主张对突发事件实施综合性应急管理。路桥应急管理也应对突发事件实施综合性应急管理。

路桥突发事件应急管理应强调全过程的管理。路桥突发事件应急管理工作涵盖了突发事件发生前、中、后的各个阶段，包括为应对突发事件而采取的预先防范措施、事发时采取的应对行动、事发后采取的各种善后措施及减少损害的行为，包括预防、准备、响应和恢复等各个阶段，使突发事件应急管理贯穿于各个过程中，并充分体现"预防为主、常备不懈"的应急理念。

同样，路桥应急管理是一个动态的过程，包括预防、准备、响应和恢复 4 个阶段。尽管在实际情况中这些阶段往往是交叉的，但每一阶段都有其明确的目标，而且每一阶段又是构筑在前一阶段的基础之上的，因而预防、准备、响应和恢复的相互关联，构成了路桥重大事故应急管理的循环过程。

（一）预防

在路桥应急管理中预防有两层含义，一是事故的预防工作，即通过安全管理和安全技术等手段，尽可能地防止事故的发生，实现本质安全；二是在假定事故必然发生的前提下，通过预先采取的预防措施，达到降低或减缓事故的影响或后果的严重程度的目的，如加大安全排查、减少危险品车辆的滞留时间、设置防护墙以及开展公众教育等。从长远看，低成本、高效率的预防措施是减少事故损失的关键。

（二）准备

应急准备是路桥应急管理工作中的一个关键环节。应急准备是指为有效应对突发事件而事先采取的各种措施的总称，包括意识、组织、机制、预案、队伍、资源、培训演练等各种准备。在《突发事件应对法》中专设了"预防与应急准备"一章，其中包含了应急预案体系、风险评估与防范、救援队伍、应急物资储备、应急通信保障、培训、演练、捐赠、保险、科技等内容。

应急准备工作涵盖了路桥应急管理工作的全过程。应急准备不仅仅针对应急响应，它为预防、监测预警、应急响应和恢复等各项应急管理工作提供了支撑，贯穿了应急管理工作的整个过程。从应急管理的阶段看，应急准备工作体现在预防工作所需的意识准备和组织准备，监测预警工作所需的物资准备，响应工作所需的人员准备，恢复工作中所需的资金准备等各阶段的准备工作；从应急准备的内容看，其组织、机制、资源等方面的准备贯穿了整个应急管理过程。

（三）响　应

应急响应是指在路桥突发事件发生以后所进行的各种紧急处置和救援工作。及时响应是路桥应急管理的又一项主要原则。

《突发事件应对法》中规定了突发事件发生以后的应急响应工作要求。第四十八条规定："突发事件发生后，履行统一领导职责或者组织处置突发事件的人民政府应当针对其性质、特点和危害程度，立即组织有关部门，调动应急救援队伍和社会力量，依照本章的规定和有关法律、法规、规章的规定采取应急处置措施。"

《突发事件应对法》第四十九条进一步规定了事故灾难应对处置的具体要求，内容如下："自然灾害、事故灾难或者公共卫生事件发生后，履行统一领导职责的人民政府可以采取下列一项或者多项应急处置措施：

（1）组织营救和救治受害人员，疏散、撤离并妥善安置受到威胁的人员以及采取其他救助措施；

（2）迅速控制危险源，标明危险区域，封锁危险场所，划定警戒区，实行交通管制以及其他控制措施；

（3）立即抢修被损坏的交通、通信、供水、排水、供电、供气、供热等公共设施，向受到危害的人员提供避难场所和生活必需品，实施医疗救护和卫生防疫以及其他保障措施；

（4）禁止或者限制使用有关设备、设施，关闭或者限制使用有关场所，中止人员密集的活动或者可能导致危害扩大的生产经营活动以及采取其他保护措施；

（5）启用本级人民政府设置的财政预备费和储备的应急救援物资，必要时调用其他急需物资、设备、设施、工具；

（6）组织公民参加应急救援和处置工作，要求具有特定专长的人员提供服务；

（7）保障食品、饮用水、燃料等基本生活必需品的供应；

（8）依法从严惩处囤积居奇、哄抬物价、制假售假等扰乱市场秩序的行为，稳定市场价格，维护市场秩序。

（四）恢复

恢复是指路桥突发事件的威胁和危害得到控制或者消除后所采取的处置工作。恢复工作包括短期恢复和长期恢复。

从时间上看，短期恢复并非在应急响应完全结束之后才开始的，恢复可能是伴随着响应活动随即展开的。很多情况下，应急响应活动开始后，短期恢复活动就立即开始了，比如，一项复杂的人员营救活动中，受困人员陆续获救，从第一个受困人员获救之时起，其饮食、住宿、医疗救助等基本安全和卫生需求就应当立即予以恢复，此时短期恢复工作就已经开始了，而不是等到所有受困人员全部获救之后才开始开展恢复工作。从以上角度看，短期恢复也可以理解为应急响应行动的延伸。短期恢复工作包括向受灾人员提供食品、避难所、安全保障和医疗卫生等基本服务。在短期恢复工作中，应注意避免出现新的突发事件。《突发事件应对法》第五十八条规定："突发事件的威胁和危害得到控制或者消除后，履行统一领导职责或者组织处置突发事件的人民政府应当停止执行依照本法规定采取的应急处置措施，同时采取或者继续实施必要措施，防止发生自然灾害、事故灾难、公共卫生事件的次生、衍生事件或者重新引发社会安全事件。"

长期恢复的重点是经济、社会、环境和生活的恢复，包括重建被毁的设施和房屋，重新规划和建设受影响的区域等。在长期恢复工作中，应汲取突发事件应急工作的经验教训，开展进一步的突发事件预防工作和减灾行动。

恢复阶段应注意：一是要强化有关部门，如市政、民政、医疗、保险、财政等部门的介入，尽快做好灾后恢复重建；二是要进行客观的事故调查，分析总结应急处置与应急管理的经验教训，这不仅可以为今后应对类似事件奠定新的基础，而且也有助于促进制度和管理的革新。

二、路桥应急管理的特点和意义

（一）路桥应急管理的特点

1. 整体性与系统性相统一

从系统理论的观点看，路桥应急管理的系统性体现在两个方面，第一，路桥应急管理处在社会实践的大系统中，是保证人类安全的一种重要的社会实践形式，是社会实践系统的一个重要环节。认识、理解和加强路桥应急管理要立足于大系统，并明确其在系统中的位置及其作用，不能孤立的、片面的就应急管理谈应急管理；第二，路桥应急管理本身也是一个系统，有其自身组成要素及运转的特点和规律。路桥应急管理的整体性是路桥应急管理系统性特征在实践中的要求与体现，是从路桥应急管理工作的谋划与开展这个角度来看的。在路桥应急管理实践中，用系统思维的方法，立足于大系统谋划好路桥应急管理小系统，立足于路桥应急管理系统从整体上统筹谋划、开展路桥应急管理工作。路桥应急管理工作效果的好坏不取决于某一环节有多强，而是取决于某一环节有多脆弱。

2. 隐性与显性并存

路桥应急管理的显性与隐性特点是针对在常态与非常态下的应急管理的效果而言的，常态下的路桥应急管理工作重在预防与准备，需要做大量的基础性工作，如果不出现或不发生安全问题，其效果就显现不出来，其工作就不易被大家所认同，这就是路桥应急管理的隐性特点；路桥应急管理的显性特点是指在面对出现安全问题的非常态时，其重要性和作用的体现。总的来说，安全问题出现了，路桥应急管理被人们拿出来，其作用也为人们所认知了，路桥应急管理的显性特点也体现了出来；安全问题隐藏了，各方面也恢复到了常态，路桥应急管理也就又淡出了人们的视野，其隐性的特点便呈现了出来。在实践中，不能因为路桥应急管理的隐性特点而忽视其工作的开展，路桥应急管理工作需要常抓不懈。

3. 共性与个性的结合

共性与个性是一切事物固有的本性，每一个事物既具有共性又具有个性，人类实践也是如此。应急管理的共性指的是应急管理是在各个领域应急管理实践基础上形成的经验的科学化总结，体现的是应急管理的普遍性规律。应急管理的个性特点是指在各实践领域的每一个领域中或者同一领域中不同应急客体上所体现的应急管理特点，是特殊性的展现。在应急管理的实践中，每一次应急管理实践都是在共性基础上的个性体现，是共性与个性的融合性呈现。

4. 阶段性与时限性相伴

路桥应急管理是针对安全问题而言的，而安全问题的产生有其孕育、发生、发展、衰退、消失从量变到质变的过程，在这个过程的每一个阶段都有各自的特点。在开展路桥应急管理工作时，需要针对不同阶段的阶段性特点采取不同的处置措施和方法，这体现出了路桥应急管理的阶段性特征。路桥应急管理不管处在哪个阶段，都具有时限性的特点，时限性是路桥应急管理区别于其他管理的最鲜明的特点，应急管理面对的是非常态下或者常态下出现的可能造成非常态状态的问题，如果不及时采取措施就可能发展为更严重的安全问题，时限性是路桥应急管理的内在要求。

5. 政府主导性与社会参与性

路桥应急管理是一项重要的公共事务，既是政府的行政管理职能，也是社会公众的法定义务。《突发事件应对法》规定，县级人民政府对本行政区域内突发事件的应对工作负责，涉及两个以上行政区域的，由有关行政区域共同的上一级人民政府负责，或者由各有关行政区域的上一级人民政府共同负责,从法律的层面明确界定了政府的责任;公民、法人和其他组织有义务参与突发事件应对工作,从法律的层面规定了应急管理的全社会义务。尽管政府是应急管理的责任主体,但是没有全社会的共同参与,突发事件应对不可能取得好的效果。另外,政府掌管着行政资源和大量的社会资源,拥有严密的行政组织体系,具有庞大的社会动员能力,这是任何非政府组织和个人无法比拟的行政优势,只有由政府主导,才能动员各种资源和各方面力量开展应急管理。

(二)路桥安全应急管理的意义

路桥事故灾难是突发公共事件的重要组成部分,路桥安全应急管理是运营管理部门安全生产工作的重要组成部分,全面做好路桥营运安全和应急管理工作,提高事故防范和应急处理能力,尽可能地避免和减少事故造成的伤亡和损失,是坚持以人为本、贯彻落实科学发展观的必然要求,也是维护广大人民群众的根本利益、构建和谐社会的具体体现。

针对路桥安全复杂化的形势,路桥管理部门通过构建源头治理、动态管理、应急处置相结合的安全风险管理机制,有效预防和切实减少各种安全事故的发生,从而保证了路桥的"平安、畅通"。

三、路桥应急管理的基本任务

(一)路桥应急管理的工作目标

为了安全生产形势的持续稳定,为保障人民群众生命财产安全和为经济社会发展提供良好的环境,全面提升安全风险防控能力,遏制重特大事故的发生,确保人民生命安全和国家战略性资产的安全畅通。持续坚持以《国家安全生产十三五规划》和习近平总书记关于一系列安全生产的重要论述精神为指导,坚持以人为本和"安全第一、预防为主、综合治理"的方针,牢固树立"科学发展、安全发展"的理念,坚持"党政同责、一岗双责、齐抓共管"和"管行业必须管安全、管业务必须管安全、管生产经营必须管安全"的工作要求,认真贯彻落实《安全生产法》《重庆市安全生产条例》等系列法律法规，建立覆盖路桥管理范围的安全风险管理方案，规范安全生产行为，减少安全事故的发生。通过构建"统一指挥、职责明确、行动有效"的安全风险管理模式，推进全员、全方位、全过程的安全风险管理，促进安全生产建设的动态化、规范化和制度化。

（二）路桥应急管理的任务

根据《关于加强安全生产应急管理工作的意见》《安全生产十三五规划》，结合现在路桥安全应急管理的主要任务，路桥应急管理的任务包括以下几项。

（1）完善安全生产应急预案体系。

（2）健全和完善安全生产应急管理体制和机制。

（3）加强安全生产应急队伍和能力的建设，提高安全应急的效能。

（4）建立健全安全生产应急管理法律法规及标准体系。

（5）坚持预防为主、防救结合，做好事故防范工作。

（6）加强安全生产应急管理支撑保障体系建设。

（7）加强安全生产应急管理培训和宣传教育工作。

（8）做好事故救援工作。

第三单元　典型案例

一、典型案例1　居民因供水问题群体性突发事件

（一）事件经过

××年××月××日凌晨，××桥旁A小区居民50余人因供水纠纷，自发组织把该桥进城方向的车道全部阻断，大量车辆堵塞在此。路桥管理部门巡检人员马某立即向上汇报，相关领导随即启动突发事件处置方案。工作人员利用交通安全锥对朝大桥方向行驶的车辆在D立交进行分流，并

劝说现场车辆掉头离开以防止出现意外情况。由于处理及时得当，约半小时后，小区居民见已无车辆经过，阻车行为未起作用，便撤离。

随后，该小区居民步行前往大桥，试图再次阻断交通促使相关部门出面解决问题。路桥管理部门预判事态可能扩大，接报后第一时间赶赴现场，指挥工作人员用交通标志封闭了道路，并劝说驾驶员，大部分车辆在各设卡处安全分流，少数到达桥头的车辆也被劝说离去，为公安民警劝说小区居民提供了有利环境。最终，小区居民逐渐散去，大桥交通恢复正常。

（二）事件分析

在处置居民因供水问题引发的群体性突发事件过程中，路桥管理部门决策果断、组织得力、协调有方，通过交通疏导和解释劝说，及时疏散堵路市民，控制住了局面，防止了事态的进一步扩大，使事件得以妥善解决。本案例的主要亮点是路桥管理部门结合工作实际，在具体处理突发事件的过程中做好了事前准备、事中处置、事后处理三个阶段的工作。事前准备：做好处置事件的相关准备工作，预测事件发生的可能性和危害程度，制定处置突发事件的应急预案。事中处理：一是及时启动处置预案。启动处置突发事件预案，迅速控制事态，稳定局面。坚持完善工作机制、启动应急预案，是成功处置突发事件的必要条件。在这次群体性事件的处置过程中，工作组在最短的时间内成立，立即投入工作，统一行动、密切配合，又在职能上各有分工，各扬其长，这些都有力地保证了对整个局面的稳控和调解过程的顺利进行。二是信息沟通。信息直接影响认识、判断和决策，信息不灵，工作便会非常被动。事后处置：妥善处置善后工作。分析处理整个事件的性质，追溯事件过程，总结不足，持续改进，防止事件再次发生。

突发事件处理必须把握好以下五个原则：（1）一是把握好依靠党委、政府的统一领导和分级负责的原则。公安机关和有关部门必须紧紧依靠各级党委、政府坚强有力的领导和支持，必须坚持在党委、政府的统一领导下，分级负责，各司其职，密切配合，协调一致，充分发挥各自的职能作用，有序地开展处置工作。本次群体性事件的成功解决，离不开区委、区政府等部门的大力支持，也离不开公安、交通等职能部门的协调配合。（2）把握好统一指挥、整体作战的原则。处置突发事件要及时明确指挥人员，避免多头指挥。（3）把握好因情施策、区别对待的原则，尤其是突发性群体事件。（4）把握好以人为本，慎用警力和强制措施的原则。在处置突发事件过程中，要把保障人民群众的生命安全作为首要任务，最大限度地避免和减少人员伤亡，减少财产损失和社会影响。同时，既要防止使用警力和强制措施不慎而激化矛盾，又要防止警力和强制措施当用不用而使事态扩大。（5）坚持快速反应、及时处置，是成功处置突发事件的关键环节。事实证明，突发事件处置得越及时，越有利于事件的圆满解决。作为领导者，只有快字当头，快速反应并及时控制局势，以积极的态度去赢得时间，以正确的措施去赢得公众，才能掌握处置群体性事件的主动权。

二、典型案例2　嘉陵江船只失控事件

（一）事件经过

××年××月××日早上8点42分，受暴雨影响，××江水位猛涨，一艘大型餐饮船只主钢缆断裂，随时可能发生顺江漂流的险情。一旦餐饮船失控，被洪水冲走，可能会撞击桥墩，引发桥体破坏，对通行车辆等造成危害。接到报告后，路桥管理部门立即启动应急预案。××大桥管理负责人立即对工作做出部署：一部分人员赶赴控制室，通过摄像头对江面和失控船只进行实时监控取证，并与强力部门沟通，同时，派人员赶赴现场，对出现险情的失控船只进行现场监控，一旦该船只因钢缆断裂而漂移至下游就通知路桥处采取应急措施；一部分人员将各类交通标志、标牌放置到两端桥头，随时准备因失控船只漂移撞击桥墩而采取措施和进行交通管制，另外，设施设备维护人员亲临江边和桥墩附近进行实地观察和测量。突发事件处置工作一直持续到该船只险情警报解除。

（二）事件分析

船只失控事件具有突发性、紧迫性及危害性，但只要我们平时对风险进行识别，建立突发事件应急处置预案并进行演练，熟练掌握突发事件应急报告和处置程序，提高员工的安全防范意识，增强员工应变处置能力，一旦出现突发事件，可以有效有序地进行抢险，防止事态升级恶化。突发

事件在未处理、处理中是不断演进的，预警期间，预警级别在不断地进行调整，应随时关注事件预警的变化并采取相应的对策和措施。在本案例中，船只失控，在处理期间会发生多种不可预料的情况，但只要对所有可能发生的情况进行预判，并制订相应的处置预案，我们就可以以不变应万变，科学地处置好这次事件。

第二篇 路桥应急救援体系

第一单元 路桥应急救援管理体系概述

一、路桥应急管理体系概况

(一) 路桥应急管理体系概念

路桥应急管理体系是指应对突发路桥应急事件时的组织、制度、行为、资源等相关应急要素及要素间关系的总和。只有建立比较完善的应急管理体系，才能保证在预防、预测、预警、指挥、协调、处置、救援、评估、恢复等应急管理各环节中能快速、高效、有序地做出反应，防止突发公共事件的发生，或减少突发公共事件的负面影响。

我国应急管理工作起步较晚，2003年以前，关于应急管理的研究主要集中在灾害管理研究方面，应急管理没有形成体系，应急管理工作是融入安全管理工作之中。有关部门虽建立了各层级的事故应急救援预案，但应急管理体系的建设并未纳入议事日程。路桥应急管理体系是应国家应急管理体系框架的要求而建立的，各地基本按照属地管理原则建立了路桥应急管理体系。

(二) 路桥应急管理体系主要内容

路桥应急管理一般是指为了降低突发路桥应急事件的危害，达到优化决策的目的，应急管理要基于对突发事件的原因、过程及后果的分析，有效统筹社会各方面的资源，对突发事件进行有效的应对、控制和处理。

路桥应急管理体系主要包括：应急管理组织体系、预案体系、运行机制和应急保障等方面的内容。

(1) 应急管理的组织体系：领导机构、办事机构、工作机构和专家组。

（2）应急管理的预案体系：主要由国家总体应急预案、国家专项应急预案、国家部门应急预案、地方政府应急预案和基层单位应急预案组成。

（3）应急管理的运行机制：有统一指挥、分级响应、属地管理、公众动员四个基本原则。主要包括：预测与预警（预警级别、预警信息发布）、应急处置（信息报告、先期处置、应急响应、紧急状态、应急结束）、恢复与重建（善后处置、调查与评估、恢复重建、信息发布）。

（4）应急管理的应急保障机制：人力保障、财力保障、物资保障、医疗卫生保障、交通运输保障、治安保障、通信保障、公共设施保障。

（三）路桥应急管理体系建设的原则

"居安思危，预防为主"是应急管理的指导方针。"以人为本，减少危害；居安思危，预防为主；统一领导，分级负责；依法规范，加强管理；快速反应，协同应对；依靠科技，提高素质"是国家突发公共事件总体应急预案提出的六项工作原则。路桥应急管理体系应当在国家应急管理的指导方针指导下进行建设，按照六项工作原则，遵循路桥应急事件的特征，应用现代科学技术手段，建立符合应急管理规律的路桥应急体系。

（四）路桥应急管理的工作内容

"一案三制"是路桥应急管理的工作内容。"一案"是指应急预案，就是根据发生和可能发生的路桥突发事件，事先研究制订的应对计划和行动方案。应急预案包括各级政府总体预案、专项预案和部门预案，以及基层单位的预案和大型活动的单项预案。"三制"是指应急工作的管理体制、运行机制和法制。

（五）路桥应急管理组织机构

在 2003 年应对"SARS"疫情的过程中，我国危机管理体系暴露出体制不够健全，法律规范零散，机构组织不完善等缺陷，因此党和政府提出要建立突发事件应急反应机制。2005 年年末在国务院办公厅内设立了国务院应急管理办公室，相应的各级人民政府，各公共事业企业单位也建立了应急管理办公室，至此，我国的应急管理组织机构初步建立起来。

我国路桥应急管理的组织机构主要由政府应急管理办公室、各级政府市政管理部门以及各地路桥管理单位等组成。

二、路桥应急管理体系阶段工作过程

路桥应急管理是对路桥应急事件的全过程管理，贯穿于事件发生前、中、后的各个过程，充分体现"预防为主，常备不懈"的应急思想。应急管理是一个动态的过程，包括预防、准备、响应、恢复4个阶段，各阶段的主要任务和工作内容见表2.1。

表2.1 路桥应急管理各阶段工作内容

阶 段	工作内容
预防阶段： 　为预防、控制和消除路桥事件对员工生命财产长期危害所采取的行动	危险源辨识、评价与控制 安全管理（检查、培训、教育） 安全技术 安全法规、标准制定 危险源监测监控 工伤保险 强制性措施
准备阶段（关键）： 　事故发生之前采取的各种行动，目的是提高路桥应急事件发生时的应急响应能力	建立应急救援体系 落实有关部门和人员职责 编制应急救援预案 应急救援队伍建设 应急救援物资、装备筹备 应急救援培训、演练 与外部应急力量的衔接
响应阶段： 　路桥应急事件发生期间和发生后立即采取的应急和救援行动。目的是尽可能地抢救受伤人员、保护可能受威胁的人群、减少财产损失、控制并消除事故	启动相应的应急系统和组织 报警与通报 实施现场指挥和救援 控制事故蔓延并消除 人员疏散和避险 现场搜寻和营救 信息收集与应急决策、外部救援

续表

阶　　段	工作内容
恢复阶段： 　路桥应急事件发生后立即进行，使生产、生活恢复到正常状态或得到进一步的改善	事故损失评估 事故原因调查 清理现场 恢复生产 理赔 应急救援总结与评价

在路桥应急管理的各个不同阶段，对应着一系列的具体工作内容，而各个工作内容又是相互关联相互影响的，其具体工作过程（流程）如图 2-1 所示。

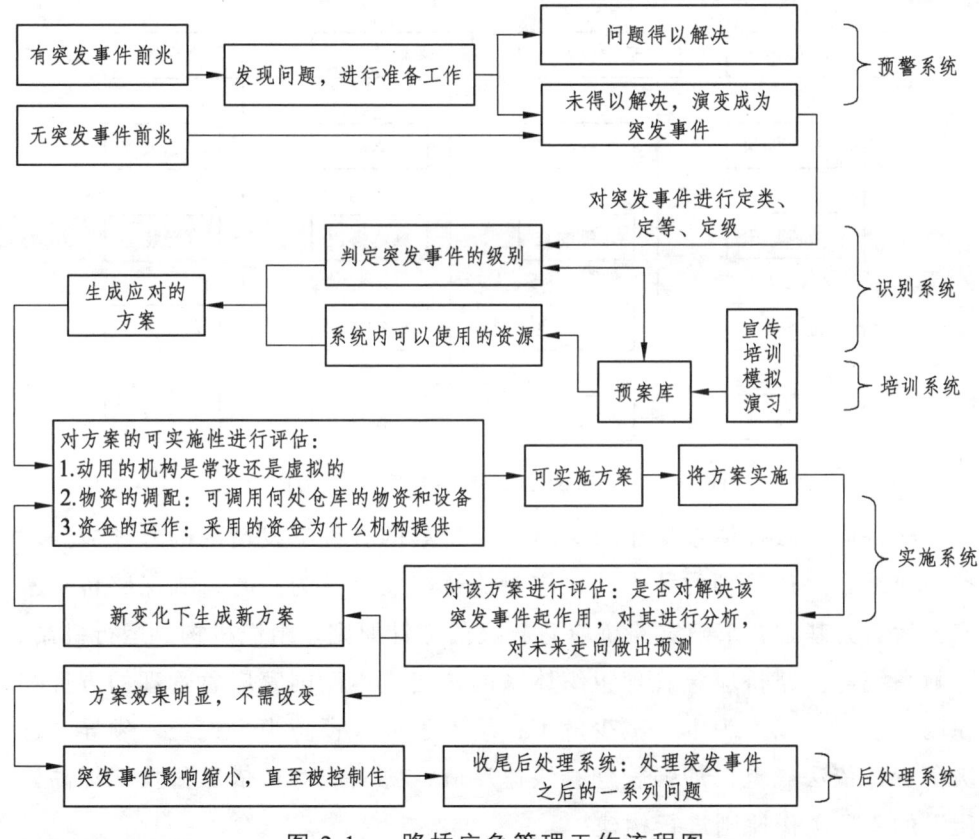

图 2-1　路桥应急管理工作流程图

第二单元 路桥应急救援管理体系的构建

构建应急救援体系，应以事件为中心，以功能为基础，分析和明确应急救援工作的各项需求，建立规范化、标准化的应急救援体系，保障体系的统一和协调。

一个完整的应急体系应由组织体制、运作机制、法律基础和保障系统四部分构成，如图 2-2 所示。

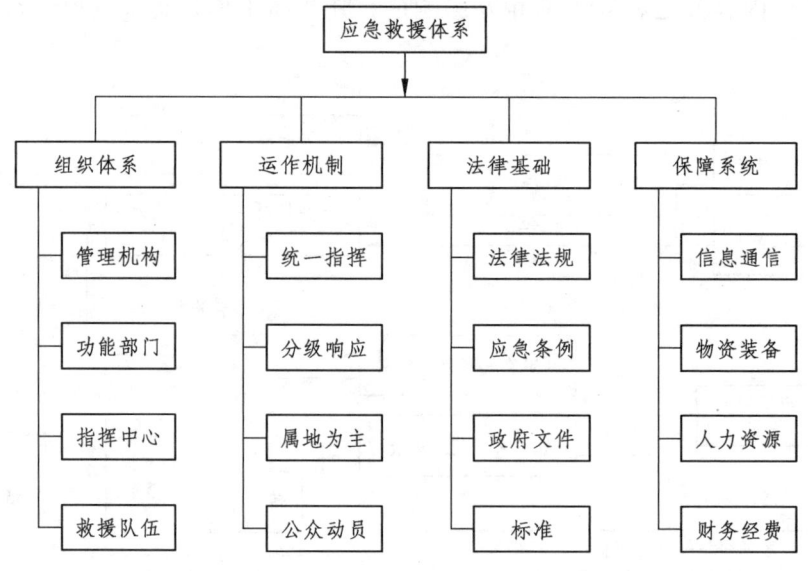

图 2-2 路桥应急管理体系组成结构图

路桥应急救援体系属于有关道路、桥梁的各种突发情况的专项应急救援，应结合路桥管理的特点，以应对路桥突发事件为中心，确保路桥正常安全运行为基础，来确定路桥应急救援的方针原则、组织机构、运行机制、保障系统等。路桥应急管理组织体系的构建应遵循国家应急管理的方针和原则，按照"以人为本，减少危害；居安思危，预防为主；统一领导，分级负责；依法规范，加强管理；快速反应，协同应对；依靠科技，提高素质"的六项工作原则进行构建。

一、路桥应急救援组织体系

应急救援体系组织体制建设中的管理机构是指维持应急日常管理的负责部门；功能部门包括与应急活动有关的各类组织机构，如消防、医疗机构等；应急指挥是在应急预案启动后，负责应急救援活动场外与场内指挥系统；而救援队伍则由专业人员和志愿人员组成。路桥应急救援组织体系如图2-3所示。

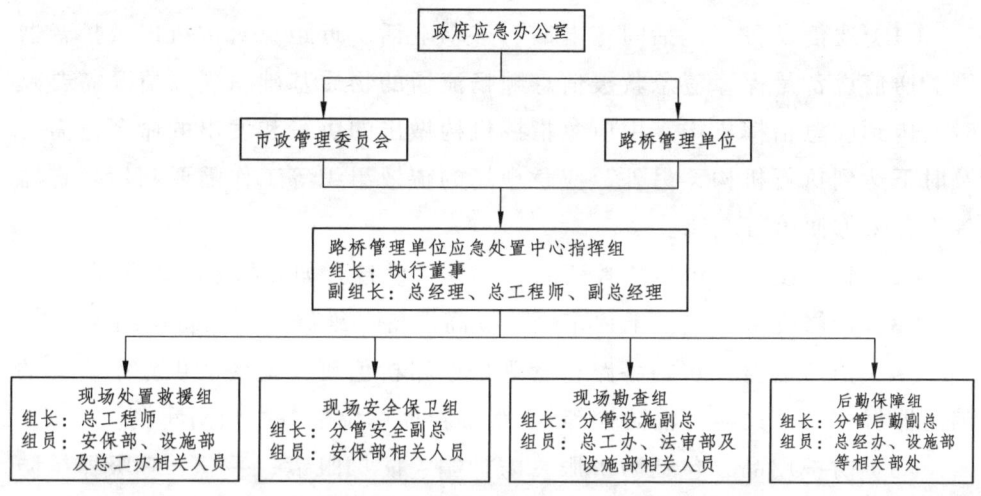

图2-3 应急组织机构框架图

路桥应急救援组织机构，其规模、组织形式、职责和水平各有差异。政府应急管理办公室和当地市政部门应有专门的针对路桥应急事件的人员或组织，制定专门的应急响应程序。路桥管理机构应当作为路桥应急救援体系建设的主要责任主体，负责本机构管辖范围内路桥应急救援体系的制定、组织和实施，需全面建立应急救援体系的组织体系、运作体系、保障体系和制定完善的应急救援预案体系，包括完整的综合性预案、专项预案以及现场处置方案。作为执行预案的应急救援机构，必须具备下列构成条件。

1. 应急救援指挥机构

（1）总指挥，通常由路桥管理单位负责人或其代理人任应急指挥机构总指挥。

（2）现场指挥组，应急事件发生后由路桥管理单位临时组建的现场指挥组。

（3）应急救援专业队，由消防队、工程抢险队、救护队、交通疏导人员等组成。

（4）后勤保障组，应急救援过程中需要调用大量的人员和物资设备，后勤保障工作是保证应急救援过程顺利、有序开展的关键。

2. 路桥管理应急救援机构应具有的资源

（1）通信设备，包括固定电话、移动电话、近距离对讲机以及扩音器等。通信设备是保障应急救援信息顺畅流通的物质基础，现场情况需要及时上传到应急指挥机构，由应急指挥机构做出的决策和发出的命令也需要及时下达到执行机构，另外，应急现场的疏散组织等工作需要利用扩音器等设备来方便语言交流。

（2）急救设备，包括急救药品、器具、设备。如：担架、绷带等。

（3）抢修设备，包括工程车辆、登高设备、维修工具、备用品等。

（4）消防器材，包括各路桥管理处或路桥值班室配备的供路桥应急的消防器材（如灭火器、消防栓等），路桥管理单位配备的消防车辆。

（5）防护用品，包括防护服、防护帽、防护眼镜、手套、呼吸器、防毒面具等。

（6）测量设备，包括路桥应急抢修等过程中需要用到的测量设备，如经纬仪、水平仪、测距仪等。

（7）图表，包括组织机构图、通信联络图、平面布置图等。

（8）有关名单表，包括外部救援机构联系表、关键岗位人员名单、全体人员名单等。

（9）标志明显的服装或显著的标志、旗帜。

3. 应急救援组织人员的选拔

应急救缓组织的成员担负着在紧急情况下抢救生命和财产的繁重任务。因此，救援指挥人员必须机智、灵活、应变快。熟悉本企业生产系统情况，有一定的经验，在紧急时刻能做出正确的判断和决策。专业队伍的应急救援人员，应熟知本岗位的各种操作规程和应急程序，熟练掌握每种器材的使用方法和意外情况的处理方法。消防队员需掌握各种消防器材的使用方法，灭火知识，火场救人技巧等；医疗救护人员需要掌握各种急救知识和技能，常见病的用药等知识等，如止血技术、骨折固定技术、心肺复苏技术、心梗用药等。

此外，由于路桥应急救援可能涉及事故管理、道路运输、航运、环境保护等方面，所以路桥管理机构必须加强与其他相关主管部门的沟通与协调，必要时请求相关部门协助。如自有消防力量无法完成现场消防任务时，需要及时向公安消防机关求助；涉及环境污染的问题时需要及时向环保部门报告，由环保部门进行相关处理；涉及事故管理等的需要由安监局等其他部门参与。

如2013年发生在河南省的义昌大桥坍塌事故就涉及危险化学品运输管理，需要其他单位协助处理。2013年2月1日上午8时52分，连霍高速路三段南半幅741+900 m处义昌大桥发生垮塌事故，坍塌桥面长80 m，该事故系因运输烟花爆竹车辆爆炸引起的桥面垮塌，造成大货车6辆、小汽车2辆坠落，事故导致10死11伤。该起桥梁垮塌事故虽然属路桥管理单位管理，但涉及危险化学品运输及事故管理的问题，需要由公安交通及安监部门等参与，因此，路桥应急指挥机构需按规定报告至相关部门。

二、路桥应急管理预案体系

路桥应急救援体系的建设必须建立在各层级的应急救援预案基础之上，路桥管理机构必须结合路桥管理实际和路桥风险识别情况建立各个层级、各种类型的应急救援预案，共同形成路桥应急救援预案体系。

（一）路桥突发事件综合应急预案

路桥突发事件综合应急预案对路桥管理机构管辖的道路、桥梁、隧道设备设施安全范围内安全风险应急管理和处置进行规范，明确路桥管理机构各部处在安全风险发生时的应急指挥、预防预警、应急响应、信息报送、应急处置等方面的职责和任务。该预案主要是综合应急预案，包括总则、应急组织机构及职责、预防和预警机制、信息报告、应急响应程序、应急处置、善后处置、培训演习、预案管理、奖惩、其他事项等方面的内容，为安全风险的及时、快捷应对处置提供了科学保障。

（二）路桥专项应急预案

针对所管辖的道路、桥梁、隧道的特点及风险识别情况，制定专项应急救援预案。如针对桥梁各种类型的紧急事件制定具体的应急处置措施。专项应急预案的可执行性要求较高。它是针对具体的管理对象和某种具体类型的紧急事件而预先制定的应急处置行动方案。如：《××桥梁路面病害处置应急预案》，该预案即专门针对某座桥梁的路面病害问题，一旦发现桥梁路面因某些原因发生病害，就立即启动该预案进行处置，其处置方法、处置步骤、信息报告等在预案中都有具体规定，按照其规定的事项执行，即可完成该事件的处置。而对其他桥梁的事件或该桥梁的其他事件，则有其他的专项预案来应对。

（三）路桥应急现场处置方案

路桥现场处置方案是针对具体的路桥应急事件制定的应急处置措施。现场处置方案应具体、简单、针对性强。路桥现场处置方案应当包括危险性分析、可能发生的应急事件特征、应急处置程序、应急处置要点和注意事项等内容。路桥现场处置方案应根据风险评估及危险性控制措施逐一编制，做到事故相关人员应知应会，熟练掌握，并通过应急演练，做到迅速反应、正确处置。

三、路桥应急管理法律体系

路桥应急管理必须以相关法律法规为依据，路桥应急管理体系的建设、运行，相关管理文件的制定必须依据相关法律法规，在法律法规规定的范围内实施应急管理工作。

路桥应急管理涉及的法律法规主要由四个层级：一是国家法律，如《中华人民共和国安全生产法》；二是法规，包括国务院和各部委发布的相关条例、规章等，如《突发事件应急预案管理办法》等；三是行业规范，主要指路桥行业或协会发布的一些规范性文件;四是路桥管理单位内部制定的一些规章制度性文件。

路桥应急救援管理涉及的法律法规主要有:

(1)《中华人民共和国安全生产法》(2014年8月31日)

(2)《中华人民共和国突发事件应对法》(国家主席令69号)

(3)《中华人民共和国消防法》(国家主席令6号)

(4)《国家安全生产事故灾难应急预案》(国务院2006年1月22日)

(5)《建设工程安全生产管理条例》(国务院令393号)

(6)《生产安全事故报告和调查处理条例》(国务院令493号)

(7)《国务院关于进一步加强企业安全生产工作的通知》(国发〔2010〕23号)

(8)《突发事件应急预案管理办法》(国办发〔2013〕101号)

(9)《国务院安委会关于深入开展企业安全生产标准化建设的指导意见》(安委〔2011〕4号)

(10)《国务院安委会办公室关于印发标本兼治遏制重特大事故工作指南的通知》(安委办〔2016〕3号)

(11)《国务院安委会办公室关于实施遏制重特大事故工作指南构建双重预防机制的意见》(安委办〔2016〕11号)

(12)《生产安全事故应急预案管理办法》(安监总局令17号)

(13)《安全生产事故隐患排查治理暂行规定》(安监总局令16号)

(14)《国家安全监管总局关于印发企业安全生产责任体系五落实五到位规定的通知》(安监总办〔2015〕27号)

(15)《机关、团体、企业、事业单位消防安全管理规定》(公安部第61号令)

(16)《国家发展和改革委员会关于印发<重大固定资产投资项目社会风险稳定评估暂行办法>的通知》(发改投资〔2012〕2492号)

(17)《生产经营单位安全生产事故应急预案编制导则(AQ/T9002-2006)》

除上述国家法律法规外,连同各地方颁布实施的有关路桥管理的地方法规以及路桥管理单位自己制定的相关管理办法一起,构成了路桥应急救援管理体系的法律法规体系。

四、路桥应急管理救援保障体系

（一）应急救援物资准备

应急救援需要一定的救援物资储备，而路桥的应急救援具有一定的共性，通常需要应急救援车辆、消防设备、救护设备和道路救援设备等。表2.2 是某路桥管理单位制定的救援物资准备清单，可供相关路桥管理机构准备救援物资时参考。

表 2.2 应急救援物资储备

单位	序号	物资储备名称	规格	数量	备注
路桥管理机构	1	小型五十皮卡车	台	1	
	2	对讲机	台	10	
	3	高音喇叭	台	10	
下属桥梁管理机构	1	安全绳	（300）米	5	
	2	警戒线	（500）米	5	
	3	交通反光锥	个	400	
	4	禁止通行标志牌	块	30	
	5	担架	付	2	
	6	河沙	吨	5	
	7	消防斧	把	2	
	8	防毒面罩	个	5	
	9	安全带	付	10	
	10	灭火器	具	50	
	11	铁锹	把	4	
	12	铁铲	把	6	
	13	井盖	个	5	
	14	线缆	（300）米	2	
	15	铁锤	把	2	

（二）通信系统

路桥应急救援体系应当建立畅通的通信系统，保障各种信息顺畅地在各组织机构之间流通，路桥管理机构应当建立内部和外部救援联系电话表并适时更新，保障应急救援信息的上传和下达通畅。通信信息系统还包括与事故管理、环境保护等部门的信息沟通。此外，有条件应当建立路桥应急管理网络信息系统，便于指挥机构及时掌握全面的各方面信息，综合判断和处理。

（三）培训演练系统

路桥管理单位各机构要根据相关要求，组织本机构全体人员开展学习培训，熟悉实施预案的工作程序和工作要求，确保每个岗位在重大事故发生时知道该做什么和该怎么做，做好实施预案的各项准备工作。路桥管理单位要落实专项资金作为应急预案演练经费，各机构每年组织开展一次专项预案应急实战演练。每次实战演练工作完成后，各机构应对演练情况进行评估，并将评估情况报单位。单位要及时总结经验教训，针对薄弱环节提出改进措施，不断修订完善预案，进一步提高员工的应急反应能力。

（四）技术支持系统

路桥应急救援保障体系要依靠现代科学技术建立技术支持系统，路桥管理机构要建立路桥应急救援专家组，为路桥应急救援决策提供技术咨询，还要利用现代科学技术建立测量、监控等路桥技术体系，保障应急救援的高效运行。

五、路桥应急信息处置平台

路桥应急管理必须保证路桥应急信息的传递畅通，如果路桥发生事故，事故信息还必须按规定进行上报和及时处理。路桥紧急事件发生后，路桥现场管理人员需及时将相关信息上报并采取相关应急措施。图 2-4 是某路桥管理单位制定的路桥应急信息上报流程图。桥梁的预警信息报告流程具体事项如下：

（1）发现事故人员应第一时间直接报警或报告中控值班室，然后中控室迅速向本公司部处负责人、总值班室或指挥组报告。

（2）各部处同时多级多头上报，其中向公司分管领导及公司机关总值班报告的时间必须在事件发生后的 20 min 内。

（3）公司分管安全工作的领导及公司机关总值班接报信息后，立即向公司领导和中心指挥组报告，报告时间必须在事件发生后的 30 min 内。

（4）应急处置中心指挥组赶赴现场后，根据突发事件的基本情况，依照处置权限及调集相关应急处置小组赶赴事件现场的同时，在一个小时内向上级相关主管部门报告。

（5）报告实行实名制。报告时可先采用电话口头报告的方式，随后应以书面形式正式上报。

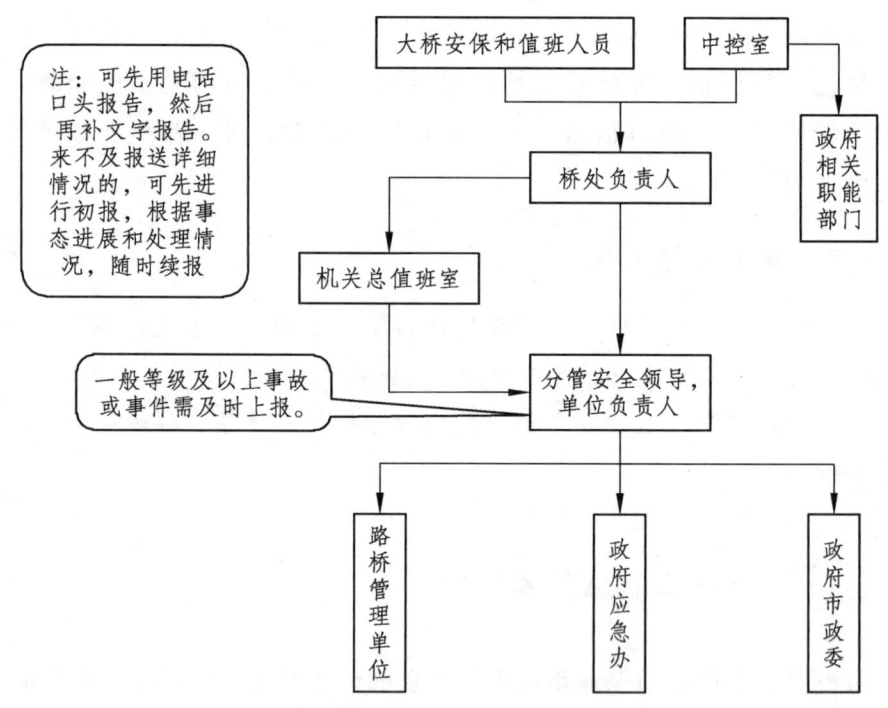

图 2-4 路桥预警信息报告流程图

第三单元　典型路桥应急处置案例分析
——路桥应急救援体系运行示例

一、案例1 及时处理××立交桥下存放爆炸物事件

（一）事件经过

2008年3月5日下午，××大桥管理单位工作人员在进行例行安全检查时发现，在××立交下一临时搭建的简易平房内存放有炸药83箱，重量约2 t，雷管2700发（电雷管600发）。由于炸药存放处离大桥桥墩只有20 m左右的距离，存放的炸药数量巨大，一旦发生危险后果极其严重，工作人员立即向路桥管理单位各级机构进行了汇报，同时也向当地派出所、市公安局进行了举报，引起了政府相关职能部门（应急办、市政委）的高度重视。桥梁管理单位根据《城市大桥管理办法》和《市政工程设施管理条例》的相关规定，立即采取果断措施，要求炸药权属单位必须立即将爆炸物转移，坚决不准将炸药存放点设置在大桥安全保护区范围内。权属单位置之不理，认为不会有什么安全问题，拒绝转移。

3月6日下午4时40分，××市国资委安全督察室主持召开了关于立即安全转移存放在××立交下的炸药和雷管的主题会议，同样要求爆炸物必须转移。并对路桥管理单位员工的安全责任意识给予了高度的评价，权属单位也意识到了其危险性，作了深刻的检讨，最后在当晚所有参会人员的监督下，权属单位将炸药和雷管全部安全转移。此事件从开始发现到最后妥善转移共计时间为27小时。

（二）事件分析

该事件是有关多部门联合处理的一起路桥应急事件。在路桥应急管理体系的组织机构建设中提到：路桥应急管理体系中的组织机构虽主要由政

府应急办、市政委、路桥管理单位等构成，但当路桥应急事件涉及事故管理、环境保护、危险化学品管理等部门时，要请求相关部门配合。该应急事件的处理就是请求相关部门协调处理的典型事件。

该事件中涉及路桥管理部门、危险化学品管理部门、公安部门以及建设部门等。事件中涉及的炸药属于危险化学品中的爆炸品，其储存和使用必须符合《危险化学品安全管理条例》的相关规定，按照规定其储存场所必须与公共建筑设施等保持足够的安全距离；此外，按照城市桥梁管理的相关规定，也必须保持足够的安全距离。同时，建设单位、施工单位的建设施工活动需要按照国家有关建设施工的法律法规进行，施工活动对周边设施有影响时，必须采取妥善保护措施。事件在国资委安全监察室的统一协调下得以妥善处理。

该事件体现了路桥应急救援管理体系建设中的组织体系建设需要考虑的多部门合作。路桥应急管理中可能存在涉及需要其他相关政府部门相互配合的情况，如公安交通部门、公安消防部门、安全监督管理部门、环境保护部门等，此时，在构建路桥应急管理体系的组织机构时，必须考虑设置对外联系的相关组织和人员，才能确保在必要时能够取得相关政府部门的协助。

二、案例2××隧道渗水应急抢修处置

（一）事件经过

2015年9月7日下午，××隧道管理单位发现隧道发生渗水，该单位相关负责人立即赶赴现场，成立抢修指挥部。经紧急抢修，当日23时30分，隧道右洞渗水问题得到解决，但左洞渗水问题仍未得到完全解决，指挥部要求施工单位加班加点施工，确保抢修工作按时完成。由于人员紧张，指挥部立即从路桥管理单位本部及其余机构中抽调技术人员赶赴隧道现场，相关人员积极参与、配合施工单位查勘渗水点的具体位置，参与施工。

抢修现场，指挥部按照安全操作原则配合施工单位对现场作业车辆进行交通组织，为施工单位搭接临时电源，维持现场秩序。在各抢修单位的

努力下，次日 4 时 45 分，渗水问题得到缓解，指挥部又抽调人员在施工现场摆放标志牌、反光锥等，做好了交通疏导工作。经各抢修单位全力配合施工，隧道渗水问题于次日 7 点得到解决。施工现场图见图 2-5。

图 2-5 应急抢修现场图

（二）事件分析

该起抢修事件突出体现了应急管理与协调指挥系统的高效运行对保证应急救援效果的重要性。

应急情况出现后，管理单位第一时间成立了抢修指挥部来协调处理各种情况，抢修现场除了处理渗水外，还涉及交通疏导、物资和设备调运、人员调集等各种工作，每项工作都必须在最短时间内完成，才能保证在规定时间内完成抢修工作。从抢修情况来看，抢修指挥部的决策能够高效地被贯彻执行，需要调集的人员、设备、物资，各部门都能克服各种困难，迅速完成，最终使得抢修任务顺利完成。

三、案例 3××大桥伸缩缝脱箱事件

（一）事件经过

2016 年 11 月 18 日，××大桥管理机构在设施隐患大排查过程中发现，大桥南北伸缩缝出现严重安全隐患，南 SSF960 伸缩缝第二根斜支撑梁脱离

位移箱，且支撑梁部分滑动支座鼓胀、破损，伸缩缝主体结构和大桥钢结构锚固结合部位部分螺栓松动、脱落，边缘导向直梁滑动支座部分开裂；北SSF640伸缩缝下游导向轴橡胶垫圈破损，导致一旦有车辆驶过，就发出金属撞击声，同时还发现部分锚固螺栓脱落。

大桥管理机构发现该问题，经现场勘察和咨询专家后，初步分析出了病害形成原因，立即向路桥管理单位汇报，单位接到汇报后立即组织相关部门进行二次病害分析及初步修复方案讨论，并召开了专题会，将该安全问题立即纳入应急抢险程序，限期修复伸缩缝，及时消除桥梁病害。

经过十余天的抢修，2017年1月17日，完成了对伸缩缝病害的现场修复工作，避免了伸缩缝病害加重可能造成的更大的损失。施工现场图见图2-6和图2-7。1月18日，路桥管理单位相关部门到现场对抢修施工质量进行了检查，××大桥伸缩缝脱箱事件应急处置基本结束，安全隐患排除。

图2-6 处置施工现场照片1

图 2-7　处置施工现场照片 2

(二) 事件分析

在该起大桥伸缩缝脱箱抢修事件中，应急救援体系中的应急信息处置平台的运行状态值得肯定。

首先大桥管理机构发现应急情况，在初步分析出病害形成原因后，立即向路桥管理单位汇报该安全隐患，单位接到汇报后，立即组织相关部门进行二次病害分析及初步修复方案的讨论，并及时组织进行修复。

其上报过程遵循了路桥管理单位制定的应急信息上报流程，便于各层级做出相应决策。在施工抢修过程中，抢修进展也进行了及时上报，便于应急指挥部门了解掌握相关情况。在各级单位及时掌握应急事件信息的基础上，桥梁设施缺陷得到了圆满修复。

第三篇 路桥应急管理法律法规

第一单元 路桥应急管理法律法规简介

一、国家及部委的法律法规标准

（一）法律

与路桥应急管理有关的法律主要有以下内容。

（1）《安全生产法（2014修订）》：《安全生产法（2014修订）》是关于各行业安全的普遍适用的法律。

（2）《行政许可法》：依据《行政许可法》的规定，为保障路桥道路安全，对超限运输实施行政许可管理。

（3）《合同法》：路桥维修招标合同须满足合同法的规定。

（4）《消防法》：《消防法》是关于各行业消防安全普遍适用的法律，适合于路桥管养过程的有关消防事项。

（5）《突发事件应对法》：《突发事件应对法》是关于各行业突发事件应对普遍适用的法律。

（6）《侵权责任法》：路桥突发事件，往往涉及侵权，损毁国有资产，有关赔偿责任适用《侵权责任法》。

（7）《民事诉讼法》：路桥设施损毁索赔，往往涉及民事诉讼。

（8）《道路交通安全法（2011修正）》：《道路交通安全法（2011修正）》明确规定本法适用于路桥安全。

（二）国务院及部委法规标准

国务院及部委有关路桥应急管理的法律法规标准，主要有：《国家安全生产事故灾难应急预案》《道路运输条例》《安全生产违法行为行政处罚办法》《建设工程安全生产管理条例》《城市道路管理条例》《公路安全保护条例》(国务院令第593号)、《建设工程消防监督管理规定》《生产经营单位安全培训规定》《危险化学品安全管理条例》《内河交通安全管理条例》《加强和完善自然灾害引发生产安全事故预警工作机制的通知》《国务院城市绿化管理条例》《生产安全事故应急预案管理办法》《路政管理规定》《建设工程质量管理条例》《关于进一步加强桥梁养护管理工作的通知(交通部2011-06-22)》《关于加强城市桥梁安全管理的通知(建设部2011-12-14)》《公路桥梁养护管理工作制度(交通部2007-06-29)》《安全生产事故隐患排查治理暂行规定》(安监督总局令第16号)、《生产安全事故报告和调查处理条例》《建设部关于加强城市桥梁管理工作的通知(2004-09-30)》《路桥设施抢险管理办法(暂行)》《城市桥梁检测和养护维修管理办法》(建设部第118号令)、《城市桥梁养护技术规范(CJJ99—2003)》《公路桥涵养护规范(JTG-H11—2004)》。

二、与路桥应急管理有关的地方法规

很多城市地方政府制定了城市与路桥应急管理有关的法规，比如重庆市市政府制定的相关法规:《重庆市城市大桥管理办法(2001-10-26.)》《重庆市市容环境卫生管理条例(2010-7-30修订)》《重庆市市政设施管理条例》《重庆市交委关于做好以桥梁为重点的交通基础设施安全隐患排查治理工作的通知(渝交委路〔2007〕131号)》《重庆市桥梁荷载试验管理暂行办法的通知(渝建发〔2007〕112号)》《重庆市交通基础设施安全隐患排查实施方案(重庆市交委2007-8-22)》《重庆市突发事件应急预案管理办法(渝办发〔2008〕273号)》《大型桥梁安全评估意见实施方案(渝办发〔2007〕319号)》。其他如广东省、上海市等地方政府也制定了很多与道路桥梁管理相关的法规。这些地方的法律法规对路桥应急管理具有强制性的作用，路桥管理单位必须遵守。

第二单元 路桥管理法律制度

一、路桥管理机制

(一) 体制与机制

体制指的是机关、企事业单位、社会团体等的根本组织制度，如领导体制、政治体制等；机制是机关、企事业单位、社会团体等的某一方面的制度，如用人机制。

(二) 城市路路桥道管理体制

城市路路桥道管理体制，是地方政府为了保护国有资产安全、保障桥梁、隧道畅通而实施的安全管理制度。

1. 路桥管理的有关职责

《城市桥梁检测和养护维修管理办法》（建设部第 118 号令）规定，城市人民政府市政工程设施行政主管部门负责本行政区域内城市桥梁检测和养护维修活动的管理工作。城市桥梁产权人或者委托管理人，负责对其所有的或者受托管理的城市桥梁进行检测和养护维修。

《公路桥梁养护管理工作制度》（交公路发〔2007〕336 号）规定，公路桥梁养护管理的管养单位是指具体承担公路桥梁养护管理任务的有关公路管理机构、专门的桥梁养护管理单位或收费公路经营管理单位。桥梁养护工程分为小修保养、中修、大修、改建。桥梁小修保养、中修工程由管养单位组织实施，大修、改建工程由地市级及以上公路管理机构或收费公路经营管理单位组织实施。

2. 市政管理部门路桥管理的职责

为确保桥梁的健康安全运营，市政桥梁设施管理单位对桥梁设施实行单元化管理。每座桥梁设施建立一个单元，根据桥梁设施分布区域，按属地管理原则，由局属各维护处具体负责各自辖区内的桥梁设施维护、监测等管理工作。两级管理模式为：一级是下属部门维护专业技术人员具体负责各自辖区内桥梁设施的日常巡查、监测和维护工作，建立结构桥梁设施管理卡、城市桥梁资料卡、重大维修记录、影像图片等档案，加强对重点桥梁设施的跟踪监测；二级是下属监测部门对各维护处的桥梁设施管理工作提出具体要求并进行监督、检查、指导，每月对各维护处的桥梁设施管理工作进行考核，及时指正各维护处桥梁设施管理工作中存在的问题和不足，跟踪、督促各维护处改进桥梁设施管理工作。

3. 城市路桥管理单位在路桥应急管理方面的重要作用

桥梁、隧道在正常使用中会发生老化损伤。由于各种原因，在路桥、隧道使用过程中会发生各种交通事故、设施设备损坏事故：车辆相撞阻断交通；车辆行驶中还会坠落各种物品影响交通的安全畅通；车辆失控撞击并损毁安全隔离设施；车辆自燃烧毁通信监控设施线路，阻断交通。即有自然原因造成的通行不畅，也有人为聚众闹事阻断桥梁通行。跳桥事件发生，围观者太多影响交通通行；偶尔有船舶失控撞击桥墩危及桥梁安全……

因此，在桥梁、隧道使用中会发生各种突发事件，每种突发事件都会对交通造成不利影响，影响经济发展和人民群众的出行安全。

作为营运和维护管理路桥的城市路桥管理单位，有完整的监控信息系统，比交通警察更先发现突发事件，这些突发事件总是最先由城市路桥公司负责面对和处理的，然后交通警察参与进来，通过交警强力执法，保障路桥管理单位更快更好地维护、修复交通设施，清除路面障碍物，恢复交通通行状况。城市路桥管理单位，在桥梁和隧道的应急管理中发挥了不可替代的重要作用。

二、现行路桥管理法律制度

现行路桥管理法律制度主要有《公路安全保护条例》（国务院令第593号）和《公路安全保护条例》（国务院令第593号）。

（一）管理责任制度

《公路桥梁养护管理工作制度》（交公路发〔2007〕336号）规定，公路桥梁管养单位疏于养护管理，不按相关规定准确掌握桥梁技术状况，或未及时采取相关措施，而导致的桥梁安全事故，由管养单位承担主要责任，监管单位承担监管责任。

负责公路桥梁养护经费的投资决策单位未根据桥梁技术状况和管养要求安排相应投资而造成的桥梁安全事故，由投资决策单位和具体管养单位共同承担主要责任，监管单位承担监管责任。

（二）桥梁养护工程师制度

《城市桥梁检测和养护维修管理办法》（建设部第118号令）规定，城市桥梁产权人或者委托管理人应当按照养护维修年度计划和技术规范对城市桥梁进行养护。城市人民政府市政工程设施行政主管部门应当按照计划定期对城市桥梁养护情况进行检查。

《公路桥梁养护管理工作制度》（交公路发〔2007〕336号）规定，公路桥梁管养单位的桥梁养护工程师应履行以下主要职责。

（1）主持桥梁的经常检查与评定，负责组织桥梁的定期检查与评定。并根据检查结果编制并上报养护维修建议计划，提出须进行特殊检查的桥梁的申请报告，组织编制桥梁养护、维修、改建方案和对策措施。

（2）主持桥梁的小修保养和抗灾抢险工作，考核桥梁养护质量，并及时上报辖区的桥梁受自然灾害和其他因素损坏的情况。组织实施超重车辆通过的有关技术工作。

（3）监督、组织桥梁养护大、中修和改建工程；组织并参与桥梁大、中修和改建工程的中间检查和交（竣）工验收。

（4）负责所管辖桥梁技术档案的补充、完善和保密工作，定期对辖区内桥梁技术状况进行综合评价与分析；负责桥梁管理系统的数据更新、系统维护、系统运行以及桥梁养护报告编写等工作。

（5）负责对下级单位桥梁养护工程师的技术业务培训、考核工作。

《公路桥梁养护管理工作制度》（交公路发〔2007〕336号）规定，公路桥梁养护管理监管单位的桥梁养护工程师履行以下主要职责：

（1）负责辖区内桥梁养护管理的技术工作，监督检查管养单位桥梁养护工程师职责的履行情况。

（2）组织制定辖区内桥梁养护管理工作计划，并监督实施。

（3）按规定负责复核四、五类技术状况桥梁的评定工作。

（4）参与制定重要桥梁的大、中修和改建工程技术方案和对策措施，并组织审验其科学合理性。

（5）组织对辖区内桥梁养护工程师及有关技术人员的技术业务培训。

（三）巡检制度

《安全生产法》规定，生产经营单位必须对安全设备进行经常性维护、保养，并定期检测，保证正常运转。维护、保养、检测应当做好记录工作，并由有关人员签字。

《公路安全保护条例》（国务院令第593号）规定，公路管理机构、公路经营企业应当按照国务院交通运输主管部门的规定对公路进行巡查，并制作巡查记录；发现公路坍塌、坑槽、隆起等损毁的，应当及时设置警示标志，并采取措施修复。

依据《公路安全保护条例》（国务院令第593号），公安机关交通管理部门发现公路坍塌、坑槽、隆起等损毁，危及交通安全的，应当及时采取措施，疏导交通，并通知公路管理机构或者公路经营企业。其他人员发现公路坍塌、坑槽、隆起等损毁的，应当及时向公路管理机构、公安机关交通管理部门报告。

（四）隐患排查与治理制度

《安全生产法》规定，生产经营单位应当建立、健全生产安全事故隐患排查治理制度，采取技术、管理措施，及时发现并消除事故隐患。事故隐患排查治理情况应当如实记录，并向从业人员进行通报。

根据《安全生产事故隐患排查治理暂行规定》（安监督总局令第16号），任何单位和个人发现事故隐患，均有权向安全监管监察部门和有关部门报告。生产经营单位应当建立、健全事故隐患排查治理制度。生产经营单位应当定期组织安全生产管理人员、工程技术人员和其他相关人员排查本单位的事故隐患。

关于隐患治理的规定。根据《安全生产事故隐患排查治理暂行规定》（安监督总局令第16号），对于一般事故隐患，由生产经营单位（车间、分厂、区队等）负责人或者有关人员立即组织整改。对于重大事故隐患，由生产经营单位主要负责人组织制定并实施事故隐患治理方案。

（五）建立档案制度

《公路桥梁养护管理工作制度》（交公路发〔2007〕336号）关于档案的规定。依据《公路桥梁养护管理工作制度》，桥梁管养单位和监管单位应建立、健全公路桥梁技术档案管理制度，大力推广公路桥梁管理系统的应用，及时更新桥梁技术数据，保证公路桥梁技术档案的真实完整，实现电子化管理。特别重要的特大型桥梁应建立符合自身特点的电子档案管理系统和养护管理系统。公路桥梁技术档案应包括桥梁基础资料、管理资料、检查资料、养护维修资料、特殊情况资料等。

地方法规的规定，如《重庆市政设施管理条例》，市政设施建设工程应当按照国家有关规定进行竣工验收，并建立完整的档案。未经验收或验收不合格的市政设施不得移交投入使用。

档案移交，如《重庆市政设施管理条例》规定，经竣工验收合格的市政设施移交给市政行政主管部门的，建设单位应当建立健全完整的档案管理制度，提供市政设施工程基础技术资料和工程验收、工程保修等资料，经市政行政主管部门审核后，办理移交手续。

（六）保障安全通行制度

（1）对驾驶人的规定：《道路交通安全法》规定，机动车驾驶人应遵守道路交通安全法律、法规的规定，按照操作规范安全驾驶、文明驾驶。

（2）关于超限标志：《城市桥梁检测和养护维修管理办法》（建设部第118号令）规定，城市桥梁产权人或者委托管理人应当按照有关规定，在城市桥梁上设置承载能力、限高等标志,并保持其完好、清晰。

（3）关于超限通行:《公路安全保护条例》(国务院令第593号)规定,超过公路、公路桥梁、公路隧道限载、限高、限宽、限长标准的车辆,不得在公路、公路桥梁或者公路隧道行驶;超过汽车渡船限载、限高、限宽、限长标准的车辆,不得使用汽车渡船。

（4）关于运输不可解体物品的超限许可:《公路安全保护条例》(国务院令第593号)规定,车辆载运不可解体物品,车货总体的外廓尺寸或者总质量超过公路、公路桥梁、公路隧道的限载、限高、限宽、限长标准,确需在公路、公路桥梁、公路隧道行驶的,从事运输的单位和个人应当向公路管理机构申请公路超限运输许可。

（5）关于绕行:《公路安全保护条例》(国务院令第593号)规定,公路、公路桥梁、公路隧道限载、限高、限宽、限长标准调整的,公路管理机构、公路经营企业应当及时变更限载、限高、限宽、限长标志;需要绕行的,还应当标明绕行路线。

（七）维护保养制度

1. 《道路交通安全法》关于道路养护和占用道路的规定

依据《道路交通安全法》,道路出现坍塌、坑槽、水毁、隆起等损毁或者交通信号灯、交通标志、交通标线等交通设施损毁、灭失的,道路、交通设施的养护部门或者管理部门应当设置警示标志并及时修复。

《道路交通安全法》规定,因工程建设需要占用、挖掘道路,或者跨越、穿越道路架设、增设管线设施,应当事先征得道路主管部门的同意;影响交通安全的,还应当征得公安机关交通管理部门的同意。施工作业单位应当在经批准的路段和时间内施工作业,并在距离施工作业地点来车方向安全距离处设置明显的安全警示标志,采取防护措施;施工作业完毕,应当迅速清除道路上的障碍物,消除安全隐患,经道路主管部门和公安机关交通管理部门验收合格,符合通行要求后,方可恢复通行。

2. 国务院行政法规关于道路养护的规定

《城市道路管理条例》(国务院令第198号)规定,承担城市道路养护、维修的单位，应当严格执行城市道路养护、维修的技术规范，定期对城市道路进行养护、维修，确保养护、维修工程的质量。条例所指城市道路是指城市供车辆、行人通行的，具备一定技术条件的道路、桥梁及其附属设施。

3. 地方政府关于道路桥梁市政设施的规定

如《重庆市市政设施管理条例》规定，设在城市道路范围内的消防、公共交通、园林绿化、油气加注、供水、供电、供气、通信、有线电视等各类井盖、箱罐、杆柱、管线，应当符合养护规范，保证公共安全。对丢失、损坏、标志不清或者影响车辆、行人安全的，由市政行政主管部门监督产权单位或其委托管理单位自发现之日起，立即采取安全防护措施并在 24 小时内进行补充、修复或移除。市政设施养护维修施工现场应当设置规范的警示标志，标明修复期限，采取安全防护措施，保障行人、车辆安全；施工时应当采取低噪声、防扬尘的施工设备和施工方法，符合环境保护要求。

4. 关于维护保养单位的规定

《城市桥梁检测和养护维修管理办法》（建设部第 118 号令）关于桥梁管养单位的规定为：城市桥梁产权人或者委托管理人，负责对其所有的或者受托管理的城市桥梁进行检测和养护维修。《公路桥梁养护管理工作制度》（交公路发〔2007〕336 号）规定：公路桥梁养护管理的管养单位是指具体承担公路桥梁养护管理任务的有关公路管理机构、专门的桥梁养护管理单位或收费公路经营管理单位。桥梁养护工程分为小修保养、中修、大修、改建。桥梁小修保养、中修工程由管养单位组织实施，大修、改建工程由地市级及以上公路管理机构或收费公路经营管理单位组织实施。

（八）检测评估制度

1.《公路安全保护条例》（国务院令第 593 号）的相关规定

（1）公路管理机构、公路经营企业应当定期对公路、公路桥梁、公路隧道进行检测和评定，保证其技术状态符合有关技术标准；对经检测发现不符合车辆通行安全要求的，应当进行维修，及时向社会公告，并通知公安机关交通管理部门。

（2）公路管理机构、公路经营企业应当定期检查公路隧道的排水、通风、照明、监控、报警、消防、救助等设施，保持设施处于完好的状态。

（3）公路管理机构应当统筹安排公路养护作业计划，避免集中进行公路养护作业造成的交通堵塞。遇公路养护作业需要封闭公路的，或者占用半幅公路进行作业，作业路段长度在 2 km 以上，并且作业期限超过 30 日的，除紧急情况外，公路养护作业单位应当在作业开始之日前 5 日向社会公告，明确绕行路线，并在绕行处设置标志；不能绕行的，应当修建临时道路。

（4）公路养护作业人员作业时，应当穿着统一的安全标志服。公路养护车辆、机械设备作业时，应当设置明显的作业标志，开启危险报警闪光灯。

（5）发生公路突发事件影响通行的，公路管理机构、公路经营企业应当及时修复公路、恢复通行。设区的市级以上人民政府交通运输主管部门应当根据修复公路、恢复通行的需要，及时调集抢修力量，统筹安排有关作业计划，下达路网调度指令，配合有关部门组织绕行、分流。

2.《城市桥梁检测和养护维修管理办法》（建设部第 118 号令）的规定

（1）县级以上城市人民政府市政工程设施行政主管部门应当建立、健全城市桥梁检测评估制度，组织实施对城市桥梁的检测评估。城市桥梁产权人或者委托管理人，负责对其所有的或者受托管理的城市桥梁进行检测和养护维修。

（2）城市桥梁的检测评估分为经常性检查、定期检测、特殊检测。经常性检查是指对城市桥梁及其附属设施的技术状况进行日常巡检。定期检测是指对城市桥梁及其附属设施的可靠性等进行定期检查评估。特殊检测是指当城市桥梁遭遇地震、洪水、台风等自然灾害或者车船撞击等人为事故后所进行的可靠性检测评估。

（3）城市桥梁产权人或者委托管理人应当委托具有相应资格的城市桥梁检测评估机构进行城市桥梁的检测评估。

3.《突发事件应对法》的规定

县级人民政府应当对本行政区域内容易引发自然灾害、事故灾难和公共卫生事件的危险源、危险区域进行调查、登记、风险评估，定期进行检查、监控，并责令有关单位采取安全防范措施。省级和设区的市级人民政府应当对本行政区域内容易引发特别重大、重大突发事件的危险源、危险区域进行调查、登记、风险评估，组织进行检查、监控，并责令有关单位采取安全防范措施。

4.《公路桥梁养护管理工作制度》（交公路发〔2007〕336号）的规定

（1）桥梁检查与评定。桥梁检查分为经常检查、定期检查和特殊检查。经常检查主要对桥面设施、上部结构、下部结构和附属构造物的技术状况进行日常巡视检查。定期检查是指按照规定周期，对桥梁主体结构及其附属构造物的技术状况进行定期跟踪的全面检查，评定桥梁技术状况等级。特殊检查指在特定情况下对桥梁技术状况进行鉴定，以查清桥梁的病害成因、破损程度、承载能力或抗灾能力等。

（2）经常检查和定期检查应符合《公路桥涵养护技术规范》的规定。经常检查主要以目测方式配合简单工具进行，检查周期为每月不少于1次，汛期应增加检查频率。对经常检查中发现的重要部（构）件明显达到三、四、五类技术状况的桥梁，应立即安排定期检查。经常检查过程中应填写"桥梁经常检查记录表"，现场登记所检查的项目和缺损类型，估计缺损范围和养护工程量，提出相应的小修保养措施，为编制小修保养计划提供依据。检查结束后要及时更新桥梁养护管理系统数据。桥梁定期检查主要以目测结合仪器检查的方式进行。其检查周期一般不低于每3年1次，特殊结构桥梁应每年检查1次。特殊检查应委托有相应资质和能力的单位执行。

5. 地方政府的规定

《重庆市城市大桥管理办法》规定，大桥经营管理单位严格按照设计技术要求，对特大型跨江城市大桥主体设施，每5年应至少进行1次安全检测；对其他城市大桥主体设施，每3年应至少进行1次安全检测。安全检测情况应报市政行政主管部门备案。评估事项参照《关于落实全市大型桥梁安全评估意见实施方案》(渝办发〔2007〕319号)。

(九) 路桥管理养护质量保障制度

(1)《公路桥梁养护管理工作制度》(交公路发〔2007〕336号)规定,桥梁大修、中修、改建工程完工后,应按照相关规定进行验收。工程实施后的桥梁技术状况必须恢复至一、二类。

(2)城市桥路桥养护质量按照《城市桥梁养护技术规范》《公路桥涵养护规范(JTG—H11—2004)》进行,符合《建设工程质量管理条例》的要求。

(3)地方政府的规定。如《重庆市市政设施管理条例》规定,市政设施的养护维修应当执行国家和本市的有关技术标准、技术规范,加强日常巡查,定期进行养护维修和检测,发现问题立即整改,保证市政设施处于正常的使用状态。

(十) 违法必究的制度

有关路桥道路管理的法律法规,都规定了违法行为相应的法律责任。如果在路桥道路管理和维护中,违反了法律法规标准的规定,造成了严重后果,必须承担相应的法律责任,构成犯罪的,依法承担刑事责任。

第三单元 路桥应急管理法律制度

一、应急管理的一般法律制度

为了减小事故伤害,《安全生产法》《突发事件应对法》《生产安全事故应急预案管理办法》《消防法》《职业病防治法》《使用有毒物品作业场所劳动保护条例》《危险化学品安全管理条例》《特种设备安全监察条例》等法律法规对应急救援事项进行了规定。

依据《安全生产法》，生产经营单位的主要负责人应组织制定并实施本单位的生产安全事故应急救援预案，安全生产管理机构及其人员应组织或者参与拟订本单位生产安全事故应急救援预案。生产经营单位对重大危险源应当登记建档，定期进行检测、评估、监控，并制订应急预案，告知从业人员和相关人员在紧急情况下应当采取的应急措施。路桥经营管理单位，也应执行《安全生产法》的这些规定。

《生产安全事故应急预案管理办法》规定，生产经营单位应当根据有关法律、法规和《生产经营单位安全生产事故应急预案编制导则》(AQ/T9002—2006)，结合本单位的危险源状况、危险性分析情况和可能发生的事故特点，制定相应的应急预案。《突发事件应对法》规定，矿山、建筑施工单位和易燃易爆物品、危险化学品、放射性物品等的生产、经营、储运、使用单位，应当制定具体的应急预案，并开展隐患排查，及时采取措施防止突发事件的发生。

道路桥梁存在的安全隐患，可能造成严重的伤亡事故和财产损失，路桥管理单位也应该制订应急预案，开展隐患排查，并及时采取措施，防止各种突发事件的发生。

《消防法》规定，消防重点单位应当制定灭火和应急疏散预案，并演练。

在路桥管养维护过程中，可能涉及消防、特种设备和危化品等的突发事件，应该按照相应的法律规定，排查隐患、制订应急预案，进行演练，并在突发事件发生后实施应急救援。

二、路桥应急管理法律制度

（一）应急准备制度

1. 普遍适用规定

《安全生产法》规定，生产经营单位应当制定本单位生产安全事故应急救援预案，与所在地县级以上地方人民政府组织制定的生产安全事故应急救援预案相衔接，并定期组织演练。

《突发事件应对法》规定，有关单位应当定期检测、维护其报警装置和应急救援设备、设施，使其处于良好的状态，确保正常使用。

《生产安全事故应急预案管理办法》规定，生产经营单位应当根据有关法律、法规、规章和相关标准，结合本单位组织管理体系、生产规模和可能发生的事故特点，确立本单位的应急预案体系，编制相应的应急预案，并体现自救互救和先期处置等特点。

2. 关于路桥应急的规定

《公路桥梁养护管理工作制度》（交公路发〔2007〕336号）规定，地方各级交通主管部门、公路管理机构、公路桥梁养护管理单位、收费公路经营管理单位要按照职责分工和相关预案切实做好应对桥梁突发事件的人员、物资、资金保障工作，确保应急工作正常有序地进行。

《城市桥梁检测和养护维修管理办法》（建设部第118号令）规定，城市桥梁产权人或者委托管理人应当制定所负责管理的城市桥梁的安全抢险预备方案，明确固定的抢险队伍，并签订安全责任书，确定安全责任人。

（二）路桥安全预防制度

（1）建设部的规定：《城市桥梁检测和养护维修管理办法》（建设部第118号令）规定，城市桥梁产权人或者委托管理人应当按照有关规定，在城市桥梁上设置承载能力、限高等标志，并保持其完好、清晰。

（2）地方政府的规定：《重庆市城市大桥管理办法》规定，大桥经营管理单位严格按照设计技术要求，对特大型跨江城市大桥主体设施，每5年应至少进行1次安全检测；对其他城市大桥主体设施，每3年应至少进行1次安全检测。安全检测情况应报市政行政主管部门备案。《重庆市市政设施管理条例》规定，市政行政主管部门应当建立桥梁检测评估制度，依照国家有关桥梁检测评估规定，加强对城市桥梁和涵洞设施的经常性检查、定期检测和特殊检测的监管。

（三）以人为本的制度

《生产安全事故应急预案管理办法》规定，应急预案的编制应当遵循以人为本、依法依规、符合实际、注重实效的原则，以应急处置为核心，明确应急职责、规范应急程序、细化保障措施。

《突发事件应对法》规定，突发事件应对工作实行预防为主、预防与应急相结合的原则。有关人民政府及其部门采取的应对突发事件的措施，应当与突发事件可能造成的社会危害的性质、程度和范围相适应；有多种措施可供选择的，应当选择有利于最大限度地保护公民、法人和其他组织权益的措施。受到自然灾害危害或者发生事故灾难、公共卫生事件的单位，应当立即组织本单位应急救援队伍和工作人员营救受害人员，疏散、撤离、安置受到威胁的人员，控制危险源，标明危险区域，封锁危险场所，并采取其他防止危害扩大的必要措施，同时向所在地县级人民政府报告。

以人为本，是普遍适用的准则，路桥应急管理也应该实行以人为本的制度。

（四）应急演练制度

《突发事件应对法》规定，县级人民政府及其有关部门、乡级人民政府、街道办事处应当组织开展应急知识的宣传普及活动和必要的应急演练。居民委员会、村民委员会、企业事业单位应当根据所在地人民政府的要求，结合各自的实际情况，开展关于突发事件应急知识的宣传普及活动和必要的应急演练。路桥应急管理也应该执行应急演练制度。

其他相关法律法规也对应急演练做出了相应的规定。

（五）应急保障制度

《突发事件应对法》对应急保障有下列规定：

（1）救援人员保障。国务院有关部门、县级以上地方各级人民政府及其有关部门、有关单位应当为专业应急救援人员购买人身意外伤害保险，配备必要的防护装备和器材，减少应急救援人员的人身风险。

（2）应急物质保障。国家建立健全应急物资储备保障制度，完善重要应急物资的监管、生产、储备、调拨和紧急配送体系。设区的市级以上人民政府和突发事件易发、多发地区的县级人民政府应当建立应急救援物资、生活必需品和应急处置装备的储备制度。县级以上地方各级人民政府应当根据本地区的实际情况，与有关企业签订协议，保障应急救援物资、生活必需品和应急处置装备的生产、供给。

（3）通信保障。国家建立健全应急通信保障体系，完善公用通信网，建立有线与无线相结合、基础电信网络与机动通信系统相配套的应急通信系统，确保突发事件应对工作的通信畅通。

应急保障制度是普遍使用的制度。路桥应急管理也应该执行这些应急保障规定。

（六）突发事件及时报告制度

《安全生产法》规定，生产经营单位发生生产安全事故后，事故现场有关人员应当立即报告本单位负责人。单位负责人接到事故报告后，应当迅速采取有效措施，组织抢救，防止事故扩大，减少人员伤亡和财产损失，并按照国家有关规定立即如实报告。

《突发事件应对法》规定，获悉突发事件信息的公民、法人或者其他组织，应当立即向所在地人民政府、有关主管部门或者指定的专业机构报告。

显然，路桥管理单位应该及时报告路桥上面或规定的路桥附近安全区域所发生的各种突发事件。

（七）恢复与重建制度

《突发事件应对法》规定，突发事件应急处置工作结束后，履行统一领导职责的人民政府应当立即组织对突发事件造成的损失进行评估，组织受影响地区尽快恢复生产、生活、工作和社会秩序，制定恢复重建计划，并向上一级人民政府报告。受突发事件影响地区的人民政府应当及时组织和协调公安、交通、铁路、民航、邮电、建设等有关部门恢复社会治安秩序，尽快修复被损坏的交通、通信、供水、排水、供电、供气、供热等公共设施。

路桥突发事件处置工作结束后，也应该按照规定，尽快恢复正常使用和重建。

第四单元　路桥应急管理有关的侵权责任及索赔

一、路桥应急管理有关的侵权情形

总结现行的几十个有关路桥管理的法律法规，路桥应急管理有关的侵权情形主要有以下11种。

（1）各种损害大桥及附属设施的行为，比如撞击护栏、隔离带和桥墩，碾压路桥路面，烧毁线路设施等。

（2）路桥维护施工单位未在城市道路施工现场设置明显标志和安全防护设施，对他人和设备设施造成损失，承担相应的赔偿责任。

（3）占用城市道路期满或者挖掘城市道路后，不及时清理现场，对他人和设备设施造成损失，承担相应的赔偿责任。

（4）路桥建筑物、构筑物或者其他设施倒塌造成他人损害的，由建设单位与施工单位承担连带责任。建设单位、施工单位赔偿后，有其他责任人的，有权向其他责任人追偿。

（5）在公共道路上堆放、倾倒、遗撒妨碍通行的物品造成他人损害的，有关单位或者个人应当承担侵权责任。

（6）车辆装载物掉落、遗洒、飘散后，车辆驾驶人、押运人员未及时采取措施处理，造成他人人身、财产损害的，道路运输企业、车辆驾驶人应当依法承担赔偿责任。

（7）未对设在城市道路上的各种管线的检查井、箱盖或者城市道路附属设施的缺损及时补缺或者修复，对他人和设备设施造成损失，承担相应的赔偿责任。

（8）密闭式运输车辆运输建筑渣土、砂石、垃圾等易撒漏物质，未密闭运输，造成飞扬、泄漏、洒落污染道路的，责令其及时清除，并处500元以上1000以下罚款；拒不改正的，可暂扣《建筑垃圾运输许可证》。

（9）单位或者个人擅自在城市桥梁上架设各类管线、设置广告等辅助物的，造成损失的，依法承担赔偿责任。

（10）单位和个人损坏路桥市政设施的，应当依法承担赔偿责任。

（11）路桥市政设施维护管理单位违反规定，在市政设施的养护、维修作业中造成人身伤害或者财产损失的，应当依法承担赔偿责任

二、路桥应急管理有关的侵权责任

根据以上侵权情形来看，路桥管养管理中，管理单位、其他单位或个人、机动车驾驶员都可能存在侵权行为，都依法承担相应的侵权责任。承担侵权责任的方式为恢复原状或赔偿。

三、路桥应急管理索赔

（一）法律法规的规定

1.《侵权责任法》的规定

《侵权责任法》规定，行为人损害他人民事权益，不论行为人有无过错，法律规定应当承担侵权责任的，都必须依照其规定承担责任。比如由于车辆失控损坏路桥设施，即使驾驶员没有过错，也需承担赔偿责任。

《侵权责任法》规定，侵权行为危及他人人身、财产安全的，被侵权人可以要求侵权人承担停止侵害、排除妨碍、消除危险等侵权责任。

《侵权责任法》规定，在公共道路上堆放、倾倒、遗撒妨碍通行的物品造成他人损害的，有关单位或者个人应当承担侵权责任。

《侵权责任法》规定，因紧急避险造成损害的，由引起险情发生的人承担责任。如果危险是由自然原因引起的，紧急避险人不承担责任或者给予适当补偿。紧急避险采取措施不当或者超过必要的限度，造成不应有的损害的，紧急避险人应当承担适当的责任。

《侵权责任法》规定，机动车发生交通事故造成损害的，依照道路交通

安全法的有关规定承担赔偿责任。

《侵权责任法》规定，机动车驾驶人发生交通事故后逃逸，该机动车参加强制保险的，由保险公司在机动车强制保险责任限额范围内予以赔偿；机动车不明或者该机动车未参加强制保险，需要支付被侵权人人身伤亡的抢救、丧葬等费用的，由道路交通事故社会救助基金垫付。道路交通事故社会救助基金垫付后，其管理机构有权向交通事故责任人追偿。

《侵权责任法》规定，道路施工作业或者道路出现损毁，未及时设置警示标志、未采取防护措施，或者应当设置交通信号灯、交通标志、交通标线而没有设置或者应当及时变更交通信号灯、交通标志、交通标线而没有及时变更，致使通行的人员、车辆及其他财产遭受损失的，负有相关职责的单位应当依法承担赔偿的责任。

2. 地方法规规定

某些城市制定了地方法规，对路桥设施损害赔偿作出了规定，如《重庆市城市大桥管理办法》规定，对城市大桥设施造成损害的，应当依法承担民事赔偿责任。

（二）承担侵权责任的方式

《侵权责任法》规定，承担侵权责任的方式主要有：（1）停止侵害；（2）排除妨碍；（3）消除危险；（4）返还财产；（5）恢复原状；（6）赔偿损失；（7）赔礼道歉；（8）消除影响、恢复名誉。

路桥方面，承担侵权责任的方式主要为：停止侵害，排除障碍，消除危险，恢复原状，赔偿损失。

（三）索赔

《民事诉讼法》规定，人民法院受理公民之间、法人之间、其他组织之间以及他们相互之间因财产关系和人身关系提起的民事诉讼，适用本法的规定。

《侵权责任法》规定，侵害他人财产的，财产损失按照损失发生时的市场价格或者其他方式进行计算。

因车辆或行人的原因造成路桥设施设备的损坏，或者桥梁结构破坏，路桥公司按照损失发生时的市场价格或其他方式计算，要求肇事者赔偿。如果肇事者拒绝赔偿，路桥公司可依据《民事诉讼法》的规定，向损害发生地的人民法院提起民事诉讼。

第五单元　案例分析

一、案例一

2015年11月20日凌晨3时20分，一辆载有不锈钢冷轧钢卷的拖挂车经过某大桥连接线右线弯道处时失控，车辆冲出桥面侧翻至桥下，两卷重约16.8 t的不锈钢冷轧钢卷跌落并砸在桥面上。桥梁管理单位监控人员发现后立即通知值班人员，值班人员于3时30分到达现场并立即通知相关政府部门，按规定报告了事故情况，启动了"交通事故造成设施严重损坏"突发事件应急预案。随后桥梁管理单位主要领导赶赴现场并成立了应急抢险小组，按预案开展处置工作。截止到第二天上午11时，现场处置、设施损坏勘查等工作基本完成。事故现场如图2-1所示。

图3-1　事故现场图

案例一的事故造成大量设施损坏，其中桥面铺装约 400 m^2 的范围内出现坑凼、破损 12 处，防撞护栏损坏约 73 m，护栏基础混凝土损伤约 10 m 且有裂纹产生，一套路灯设备及两套 LED 交通导向牌完全损坏。

应急抢险小组通过讨论，委托了应急抢险施工单位对受损设施进行应急抢险施工。设施修复过程中，桥梁管理单位组织技术部门及设计单位到现场开展工程量核定、工序报验等工作，确保工程进度及质量，消除安全隐患。

该案例告诉我们，桥梁、隧道等在使用过程中，会因各种事故的发生，造成路桥结构、附属设施设备损害，阻断交通，造成市民出行困难，货物运输受阻，影响经济运行。

为了保障路桥正常通行，并且在事故发生后能尽快恢复路桥交通，保障国民经济发展，必须制定法律法规，必须依照法律法规管理、使用和维护好路桥，使其处于安全的状态。

随着我国城市快速发展，城市桥梁数量有了较大的增长，城市桥梁的安全管理工作任务日益繁重。城市桥梁是重要的城市基础设施，城市桥梁安全管理关系人民群众生命财产安全、社会和谐稳定和经济社会健康发展。一些城市被大江大河环绕（比如重庆），城市依山而建，桥梁、隧道众多，由于受地形高差的限制，必然有急弯陡坡，通常在桥梁两端接线路段存在着转弯半径小、路线纵坡起伏、连续上下坡、隐蔽路段时有出现，曲线内侧视距不良等问题，这些都给行车安全带来隐患。一些旧桥安全设计考虑不周，加上自然灾害、人为原因、驾驶原因，桥梁隧道出现的各种突发事件较多。桥梁、隧道是城市最重要的交通大动脉，为了保障道路、桥梁、隧道的顺利通畅，必须依法管理桥梁、隧道，依法维护、维修桥梁、隧道的相关设施，为城市的经济建设和市民的出行提供坚实保障。

二、案例二

2012 年 6 月 8 日，15 时 35 分某隧道出口一装载碎石的大货车由于在弯道处车厢出现故障，致使约 1.5 t 碎石倾倒在路面上，造成路面出现安全隐患及交通堵塞。该隧道管理部门立即启动突发事件应急预案，立即组织人员对现场进行查勘、取证，并报告交巡警、消防等执法部门，同时帮助现场交巡警对匝道进行了临时封闭，通知清洁单位进行现场清理，对现场进行隔离及保护。

在此案例中，大货车应当承担恢复原状的费用，也就是清除碎石的费用。如果后面车辆为避开碎石而紧急避险，造成事故，大货车还需承担相应的赔偿责任。

三、案例三

（一）案例事故简介

2014 年 12 月 8 日，上午 6 时 30 分在某大桥巡逻的保安队员报告在该大桥进城方向中段桥面发现有大量的碎石子撒漏在路面上，肇事车辆逃逸。现场约 2.5 t 碎石子沿人行道一侧撒漏在桥面车行道上，造成该桥进城方向交通严重堵塞，同时对过往车辆的通行造成安全隐患。工作人员立即向桥梁管理单位总值班室和有关负责人进行汇报，同时通知值班经理处置，值班经理立即组织人员驾车赶赴事发现场，到达现场后进行查勘、取证，并请辖区交巡警到现场疏导交通，在交警的协助下值班人员对现场进行了临时性的交通管制，与此同时环卫单位负责人及十余名环卫工人进入现场进行清理，经过长达两小时的现场处置，于 8 时 50 分将现场撒落的石子清理完毕，现场交通恢复正常。

（二）案例违法行为

（1）本案例的肇事车辆，违反了《公路安全保护条例》（国务院令第 593 号）的规定。

车辆应当规范装载，装载物不得触地拖行。车辆装载物易掉落、遗洒或者飘散的，应当采取厢式密闭等有效防护措施方可在公路上行驶。

车辆装载物掉落、遗洒、飘散后，车辆驾驶人、押运人员未及时采取措施处理，造成他人人身、财产损害的，道路运输企业、车辆驾驶人应当依法承担赔偿责任。

（2）本案例的肇事车辆逃逸，违反了《重庆市市容和环境卫生管理条例》的规定：在市区运行的交通运输工具，应当保持外形完好、整洁，货运车辆运输的液体、散装货物，应当密封、包扎、覆盖，避免泄漏、遗撒；违反了《重庆市城市大桥管理办法》的规定：在城市大桥及其安全保护区内，禁止机动车辆沿途滴漏、散落、飞扬杂物、倾倒垃圾、废渣和堆放物资等行为。

（三）违法的后果

《侵权责任法》规定，在公共道路上堆放、倾倒、遗撒妨碍通行的物品造成他人损害的，有关单位或者个人应当承担侵权责任。肇事车辆被找到后，需承担相应的清除碎石的费用，并接受交警处罚。

四、案例四

（一）案例事故简介

2012年11月4日（星期日）下午16点35分左右，某大桥管理部门中控室值班员接到4号岗外保队员报告，A隧道下洞入口100 m左右处，因两车追尾发生漏油，造成路面大约20 m^2 的污染，对正在行驶的车辆有较大的安全隐患。

（二）事故处置

值班人员立即报告，同时向辖区交巡警通报油污撒漏情况，并启动该大桥管理部门油污撒漏应急预案。该大桥管理部门相关人员立即携带消防沙、警戒线、交通标志、扫帚等应急物资，驾驶巡逻车赶赴事发现场，同时通知环卫单位派遣环卫工人立即赶到事故现场。首先对事故现场进行了局部封闭，并通知中控值班员转换隧道口的红绿灯、摆放反光锥、设置安全警示标志，同时疏导隧道内的车辆通行、用消防沙对污染路面进行掩盖处理和清扫，对抢险处置过程和肇事车辆进行摄像照相取证。在这期间交巡警充分肯定了桥梁管理单位所做的工作，肇事车辆被拖移出隧道。

（三）案例违法行为

本案例的责任车辆违反了《道路交通安全法》的规定：同车道行驶的机动车，后车应当与前车保持足以采取紧急制动措施的安全距离；有下列情形之一的，不得超车：前车正在左转弯、掉头、超车的，与对面来车有会车可能的，前车为执行紧急任务的警车、消防车、救护车、工程救险车的，行经铁路道口、交叉路口、窄桥、弯道、陡坡、隧道、人行横道、市区交通流量大的路段等没有超车条件的。

（四）违法后果

本案例中没有造成人身伤亡。依据《道路交通安全法》，要机动车发生交通事故造成了财产损失，应由保险公司在机动车第三者责任强制保险责任限额范围内予以赔偿；不足的部分，由有过错的一方承担赔偿责任；双方都有过错的，按照各自过错的比例分担责任。

五、案例五

（一）案例事故简介

2005年9月8日19时左右，一辆公交大客车，在某大桥上高速行驶时，从上游车道突然冲向下游车道，与迎面驶来的一辆长安小货车相撞后冲向下游人行道，撞坏人行道上的路灯灯杆一根、撞伤主桥3号墩边跨下游9号索、撞坏人行道外侧护栏，客车车身一小半冲出桥面悬在桥外的半空中。

（二）事故处置

事件发生后，桥上保安人员立即报告了值班经理，协助客车驾驶员将车上乘客撤离，并立即通知了交警和120；值班经理立即带领值班人员赶到现场，并启动该大桥管理部门应急预案，应急救援小组组长立即安排人员救助，并安排对撞坏的路灯灯杆进行了断电处理，对撞伤的斜拉索进行了肉眼检查。现场勘察后勤保障组人员达到现场后立即对桥上受损的设施进行了丈量并由出事公交车驾驶员签字确认，为日后的赔偿取得了第一手资料。最后，待交警和 120 将出事车辆和受伤人员运离现场后，该大桥管理部门安排人员将撞坏的灯杆和护栏进行了清理，并在撞坏的护栏处设置了警示标志，以防止过往人员发生坠桥事件。次日，桥梁管理单位委托检测单位对该斜拉索进行了恒载内力、内部损伤等的测试，得出结论为功能尚属正常，但斜拉索破损的保护层应该立即恢复。桥梁管理单位对斜拉索进行了修复，此次事件的损失通过索赔的方式让公交公司进行了赔偿。

（三）案例违法行为

本案例违反了《道路交通安全法》的规定，机动车上道路行驶，不得超过限速标志标明的最高时速；在没有限速标志的路段，应当保持安全车速。本案例中由于公交车超速行驶，造成了事故，并对大桥造成了较大的财产损失。

（四）违法后果

《侵权责任法》规定，机动车发生交通事故造成损害的，依照道路交通安全法的有关规定承担赔偿责任。本案例驾驶员在履行工作任务的过程中发生交通事故，理应由公交公司承担赔偿责任。

六、案例六

（一）案例事故简介

2016 年 4 月 28 日，桥梁管理单位工作人员发现某大桥 10 号桥墩上游大约 100 m 处有施工单位在大桥安全区违规搭建建筑物，该工作人员立即向值班经理和桥梁管理负责人报告。

（二）事故处置

值班经理接报后组织执法人员赶到现场进行制止，执法人员对施工人员宣讲大桥安全区和理办法和相关条例，要求施工人员立即停止违法作业并电告项目业主方，但对方以工期紧、任务重、区政府重点工程为由拒绝停工。桥梁管理单位增派了人员迅速赶赴事发现场，在桥梁管理负责人的带领下叫停了施工机械，并在安全区内设置警戒线，找到施工现场负责人对他讲明大桥维护管理条例的规定，又及时联系项目业主领导协商，施工单位承诺在没办理完相关手续时不再进行现场施工。

（三）案例违法行为

（1）违反《城市桥梁检测和养护维修管理办法》（建设部第118号令）的规定。

城市人民政府市政工程设施行政主管部门应当根据城市桥梁具体技术特点、结构安全等情况，确定城市桥梁的施工控制范围。

在城市桥梁施工控制范围内从事河道疏浚、挖掘、打桩、地下管道顶进、爆破等作业的单位和个人，在取得施工许可证前应当先经城市人民政府市政工程设施行政主管部门同意，并与城市桥梁的产权人签订保护协议，采取保护措施后，方可施工。

（2）违反地方法规。

违反了《重庆市城市大桥管理办法》的相关规定：在城市大桥及其安全保护区内，禁止擅自搭建建（构）筑物，禁止从事采沙、取石、挖掘、取土、爆破等危及大桥设施安全的活动行为。

（四）违法后果

依据《城市桥梁检测和养护维修管理办法》（建设部第118号令），单位和个人擅自在城市桥梁施工控制范围内搭建建（构）筑物，由城市人民政府市政工程设施行政主管部门责令限期改正，并可处1万元以上3万元以下的罚款。

七、案例七

（一）案例事故简介。

2012年4月2日14时45分，某大桥管理处人员在巡逻过程中发现某隧道（上下行）上行洞有大量生活垃圾撒漏，严重影响车辆通行安全。鉴于垃圾撒漏面积较大，在立即向领导汇报情况的同时制定了处置方式。当班人员和环卫工人立即携清扫工具和各类交通警示标志在 5 min 内赶赴现场。同时将情况向所属区交巡警指挥中心汇报，要求辖区交警短时间封闭隧道交通。最后，于 14 时 59 分将撒漏垃圾清理完毕，隧道交通随即恢复正常。

（二）案例违法行为

案例中的肇事车辆，违反了《公路安全保护条例》（国务院令第 593 号）的规定。

（1）车辆装载物易掉落、遗洒或者飘散的，应当采取厢式密闭等有效防护措施方可在公路上行驶。

（2）公路上行驶车辆的装载物掉落、遗洒或者飘散的，车辆驾驶人、押运人员应当及时采取措施处理；无法处理的，应当在掉落、遗洒或者飘散物来车方向的适当距离外设置警示标志，并迅速报告公路管理机构或者公安机关交通管理部门。

（三）违法后果

依据《公路安全保护条例》（国务院令第 593 号），车辆装载物掉落、遗洒、飘散后，车辆驾驶人、押运人员未及时采取措施处理，造成他人人身、财产损害的，道路运输企业、车辆驾驶人应当依法承担赔偿责任。

第四篇　路桥安全应急预案

第一单元　应急预案概论

一、路桥应急预案概述

应急预案，是指针对可能发生的事故，为迅速、有序地开展应急行动、降低人员伤亡和经济损失而预先制定的有关计划或方案。路桥应急救援预案是在辨识和评估路桥管理中潜在的重大危险、紧急事件类型、紧急事件发生的可能性及发生的过程、紧急事件后果及影响严重程度的基础上，对路桥管理应急机构职责、人员、技术、装备、设施、物资、救援行动及其指挥与协调方面预先做出的具体安排。路桥应急预案要明确在紧急事件发生前、紧急事件过程中以及紧急事件发生后，谁负责做什么，何时做，怎么做，以及相应的策略和资源准备等。

一个完整的路桥应急救援预案的重点部分应包括以下内容。

（1）计划概况：对路桥应急救援管理提供一个简述和必要的说明（简介、有关概念、应急组织及职责等）。

（2）预防程序：对路桥管理中会发生的潜在事故进行确认并采取减缓事故的有效措施（危害辨识、评价和监控，制定法规、规程等）。

（3）准备程序：说明应急行动前需采取的准备工作（培训程序、路桥应急演习程序等）。

（4）基本应急程序：路桥管理中普遍遇到的事故都可适用的应急行动程序（报警程序、通信程序、疏散程序等）。

（5）特殊危险应急程序：针对路桥管理中的特殊危险性事故的应急程序（比如城市桥梁上发生化学泄漏等）。

（6）恢复程序：事故现场应急行动结束后所需采取的清除和恢复程序

（事故调查、事故后果评价、清除与恢复等）。

二、路桥应急预案的目的和意义

（一）路桥应急预案的目的

路桥管理单位安全生产事故应急预案是路桥管理安全生产应急工作的重要组成部分。制订路桥管理安全生产事故应急预案是贯彻落实"安全第一、预防为主、综合治理"方针，规范路桥应急管理工作，提高应对风险和防范事故的能力，保证职工安全健康和公众生命安全，最大限度地减少财产损失、环境损害和社会影响的重要措施。路桥管理应急救援预案的总目标是以下两个。

（1）将紧急事件局部化，如可能，予以消除。

（2）尽量缩小事故对人、财产和环境的影响。

（二）路桥管理应急预案的意义

路桥应急管理是一项系统工程，路桥管理单位的组织体系、管理模式、风险大小以及生产规模不同，应急预案体系构成不完全一样。路桥管理单位应结合本单位的实际情况，从公司、企业（单位）到车间、岗位分别地制定相应的应急预案，形成体系，互相衔接，并按照统一领导、分级负责、条块结合、属地为主的原则，同地方人民政府和相关部门应急预案相衔接。

应急处置方案是应急预案体系的基础，应做到事故类型和危害程度清楚，应急管理责任明确，应对措施正确有效，应急响应及时迅速，应急资源准备充分，立足自救。在应急响应过程中，为消除、减少事故危害，防止事故扩大或恶化，最大限度地降低事故造成的损失或危害而采取的救援措施或行动。

路桥管理应急预案的意义主要体现在以下几个方面。

（1）路桥管理应急预案确定了应急救援的范围和体系，使应急管理不再无据可依、无章可循。尤其是通过培训和演练，可以使应急人员熟悉自己的任务，具备完成指定任务所需的相应能力，并检验预案和行动程序，评估应急人员的整体协调性。

（2）路桥管理应急预案有利于有关部门做出及时的应急响应，减少事故后果。应急行动对时间要求十分敏感，不允许有任何拖延。路桥应急预案预先明确了应急各方的职责和响应程序，在应急资源等方面进行了先期准备，可以指导应急救援迅速、高效、有序地开展，将事故造成的人员伤亡、财产损失和环境破坏降到最低。

（3）路桥管理应急预案是各类路桥突发事故的应急基础。通过编制应急预案，可以对那些事先无法预料到的路桥突发事故起到基本的应急指导作用，成为开展应急救援的"底线"。在此基础上，可以针对路桥管理中特定的事故类别编制专项应急预案，并有针对性地制定应急措施、进行专项应急准备和演练。

（4）路桥管理应急预案建立了管理单位与上级单位和部门应急救援体系的衔接。通过编制应急预案，可以确保当发生超过本级应急能力的重大事故时与有关应急机构的联系和协调。

（5）路桥管理应急预案有利于提高路桥管理过程中的风险防范意识。应急预案的编制、评审、发布、宣传、演练、教育和培训，有利于各方了解可能面临的重大事故及相应的应急措施，有利于促进各方提高风险防范的意识和能力。

三、路桥应急预案的分类

（一）按时间分类

常备预案和临时预案。

（二）按事件的类别紧急情况分类

自然灾难、事故灾难、公共卫生事件、突发社会安全事件。

（三）按预案的功能分类

综合应急预案、专项应急预案、现场应急预案，单项应急预案。

1. 综合应急预案

综合应急预案是从总体上阐述处理事故的应急方针、政策，应急组织结构及相关应急职责，应急行动、措施和保障等的基本要求和程序，是应对各类事故的综合性文件。生产规模小、危险因素少的生产经营单位，综合应急预案和专项应急预案可以合并编写。

2. 专项应急预案

专项应急预案是针对具体的事故类别（如火灾、危险化学品泄漏等事故）、危险源和应急保障而制定的计划或方案（包括自然灾害应急预案、事故灾害应急预案、突发公共卫生事件应急预案、突发社会安全事件应急预案），是综合应急预案的组成部分，应按照综合应急预案的程序和要求组织制定，并作为综合应急预案的附件。专项应急预案应制定明确的救援程序和具体的应急救援措施。

3. 现场处置预案

现场处置方案是针对具体的装置、场所或设施、岗位所制定的应急处置措施。现场处置方案应具体、简单、针对性强。现场处置方案应根据风险评估及危险性控制措施逐一编制，做到事故相关人员应知应会，熟练掌握，并通过应急演练，做到迅速反应、正确处置。

4. 单项应急预案

单项应急预案是针对大型公众聚集活动和高风险的建筑施工活动而制定的临时性应急行动方案。预案内容主要是针对活动中可能出现的紧急情况，预先对相应应急机构的职责、任务和预防措施做出的安排。

四、路桥事故应急救援预案的基本要求

（1）根据路桥管理过程中的实际情况，按事故的性质、类型、影响范围、后果严重程度等分等级地制订相应的预案，为使预案更有针对性和适用性，一般要制定出不同类型的应急预案，如碰撞事故、火灾事故、爆炸

事故、泄漏事故等，一个单位的不同类型的应急预案要形成统一整体，救援力量要统筹安排。

（2）要切合本系统、本单位的实际条件制定预案。

（3）制定的预案要有权威性，各级应急组织职责明确，通力协作。

（4）预案要定期演习和复查，要根据实际情况定期检查和修正。

（5）应急队伍要进行专业培训。并要有培训记录和档案，应急人员要通过考核证实确能胜任所担负的应急任务后，才能上岗。

（6）各专业队平时就要组建落实并配有相应器材。应急器材要定期检查，保证设备性能完好。

五、路桥事故应急救援的基本任务

路桥事故应急救援的基本任务是防灾、减灾、救灾、恢复。具体包括以下内容。

（1）做好日常的危害辨识、评价和监控工作，制定各项制度规程，提高风险管理水平（事故预防）。

（2）开展预案编制、培训、宣传、演习、应急救援物资装备贮备等工作（应急准备）。

（3）指导群众防护，组织群众撤离（应急疏散）。

（4）抢救受害人员（应急救援）。

（5）控制危险源，减少损失（应急抢险）。

（6）做好现场清理，消除危害后果（应急恢复）。

（7）查清事故原因，估算危害程度（事故调查）。

第二单元　路桥管理应急预案框架体系

健全完善的应急预案体系，应该做到"横向到边、纵向到底"，并符合"统一领导、分类管理、分级负责"的原则。根据不同的责任主体，生产经营单位的突发事件应急预案体系划分为突发公共事件总体预案、突发公共事件专项预案、突发公共事件部门预案、突发公共事件地方应急预案、企事业单位应急预案、举办大型会展和文化体育等重大活动应急预案。路桥管理单位应急预案应当依据有关法律法规，结合自身特点制定，主要是本单位应急救援的详细的行动计划和技术方案。预案要明确路桥管理单位是其内部发生突发公共事件的责任主体，预案是各单位应对突发公共事件的操作指南，事故发生时，事故单位立即按照预案开展应急救援。

一、路桥管理应对突发公共事件总体应急预案

1. 突发公共事件分类分级

突发公共事件，是指突然发生，已造成或者可能造成重大人员伤亡、财产损失、生态环境破坏和严重社会危害，危及公共安全的紧急事件。

突发公共事件主要分成四类：自然灾害，主要包括水旱灾害、气象灾害、地震灾害、地质灾害、海洋灾害、生物灾害和森林草原火灾等；事故灾难，主要包括工矿商贸等企业的各类安全事故、交通运输事故、公共设施和设备事故、环境污染和生态破坏事件等；公共卫生事件，主要包括传染病疫情、群体性不明原因疾病、食品安全和职业危害、动物疫情以及其他严重影响公众健康和生命安全的事件；社会安全事件，主要包括恐怖袭击事件、经济安全事件、涉外突发事件等。

按照各类突发公共事件的性质、严重程度、可控性和影响范围等因素，将突发公共事件分为四级，即Ⅰ级（特别重大）、Ⅱ级（重大）、Ⅲ级（较大）和Ⅳ级（一般）。

2. 突发公共事件预警分级

根据《国家突发公共事件总体应急预案》的要求，对可能发生和可以预警的突发公共事件进行预警。预警级别依据突发公共事件可能造成的危害程度、紧急程度和发展势态，一般划分为四级：Ⅰ级（特别严重）、Ⅱ级

(严重)、Ⅲ级（较重）和Ⅳ级（一般），依次用红色、橙色、黄色和蓝色表示。

预警信息内容应包括突发公共事件的类别、预警级别、起始时间、可能影响范围、警示事项、应采取的措施和发布机关等。

预警信息的发布、调整和解除，可通过广播、电视、报刊、通信、信息网络、警报器、宣传车或组织人员逐户通知等方式进行，对老、幼、病、残、孕等特殊人群以及学校等特殊场所和警报盲区应当采取有针对性的公告方式。

3. 信息报告

特别重大或者重大突发公共事件发生后，省级人民政府、国务院有关部门要按照《分级标准》立即如实向国务院报告，最迟不得超过 4 h，不得迟报、谎报、瞒报和漏报，同时通报有关地区和部门。应急处置过程中，还要及时续报有关情况。在报告的同时，及时、有效地进行处置，控制事态。对于在境外发生的涉及中国公民和机构的突发事件，总体预案要求，我驻外使领馆、国务院有关部门和有关地方人民政府要采取措施控制事态发展，组织应急救援。

4. 应急响应

对于先期处置未能有效控制的事态，或者需要国务院协调处置的特别重大的突发公共事件，根据国务院领导同志指示或实际需要提出，或者应事发地省级人民政府的请求或国务院有关部门的建议，国务院应急管理办公室提出处置建议并向国务院分管领导和协助分管的副秘书长报告，经国务院领导同志批准后启动相关预案，必要时提请国务院常务会议审议决定。国务院处置的突发公众事件，由国务院相应指挥机构或国务院工作组统一指挥或指导有关地区、部门开展处置工作。

5. 信息发布

突发公共事件的信息发布应当及时、准确、客观、全面。要在事件发生的第一时间向社会发布简要信息，随后发布初步核实情况、政府应对措施和公众防范措施等，并根据事件处置情况做好后续发布工作。

信息发布形式主要包括授权发布、散发新闻稿、组织报道、接受记者采访、举行新闻发布会等。这意味着社会公众有了获得权威信息的渠道。

6. 应急管理

国务院是突发公共事件应急管理工作的最高行政领导机构。在国务院总理的领导下，由国务院常务会议和国家相关突发公共事件应急指挥机构负责突发公共事件的应急管理工作；必要时，派出国务院工作组指导有关工作。

国务院办公厅设国务院应急管理办公室，履行值守应急、信息汇报和综合协调的职责，发挥运转枢纽的作用；国务院有关部门依据相关法律、行政法规和各自职责，负责相关类别突发公共事件的应急管理工作；地方各级人民政府是本行政区域突发公共事件应急管理工作的行政领导机构。同时，根据实际需要聘请有关专家组成专家组，为应急管理提供决策建议。

7. 责任追究与奖惩

突发公共事件应急处置工作实行责任追究制。对迟报、谎报、瞒报和漏报的突发公共事件重要情况或者应急管理工作中有其他失职、渎职行为的，依法对有关责任人给予行政处分；构成犯罪的，依法追究其刑事责任。对在突发公共事件应急管理工作中做出突出贡献的先进集体和个人，总体预案也明确了要给予表彰和奖励。

二、路桥管理突发公共事件专项应急预案

目前，我国已发布的突发事件专项应急预案已有20多个，因为城市路桥管理的特殊性，本书重点介绍《国家安全生产事故灾难应急预案》。

（一）编制目的

编制目的在于规范路桥安全应急管理和应急响应程序，及时有效地实施应急救援工作，最大限度地减少人员伤亡、财产损失，维护人民群众的

生命安全和社会稳定。

（二）适用范围

不同类型和不同级别的应急预案的适用范围也往往不同。《国家安全生产事故灾难应急预案》主要适用于造成 30 人以上死亡（含失踪），或危及 30 人以上生命安全，或者 100 人以上中毒（重伤），或者需要紧急转移安置 10 万人以上，或者直接损失经济达 1 亿元以上的特别重大安全生产事故灾难；或超出省（自治区、直辖市）人民政府应急处置能力，或者跨省级行政区、跨多个领域（行业和部门）的安全生产事故灾难；或需要国务院安全生产委员会处置的安全生产事故灾难。

（三）工作原则

各级人民政府及其工作人员在预防和处置安全生产事故的过程中，要坚持以下的工作原则。

（1）以人为本，安全第一。把保障人民群众的生命安全和身体健康、最大限度地预防和减少安全生产事故灾难造成的人员伤亡作为首要任务。切实加强应急救援人员的安全防护。充分发挥人的主观能动性，充分发挥专业救援力量的骨干作用和人民群众的基础作用。

（2）统一领导，分级负责。在国务院的统一领导和国务院安委会的组织协调下，各省（区、市）人民政府和国务院有关部门按照各自职责和权限，负责有关安全生产事故灾难的应急管理和应急处置工作。企业要认真履行安全生产责任主体的职责，建立安全生产应急预案和应急机制。

（3）条块结合，属地为主。安全生产事故灾难现场应急处置的领导和指挥以地方人民政府为主，实行地方各级人民政府行政首长负责制。有关部门应当与地方人民政府密切配合，充分发挥指导和协调作用。

（4）依靠科学，依法规范。采用先进技术，充分发挥专家作用，实行科学民主决策。采用先进的救援装备和技术，增强应急救援能力。依法规范应急救援工作，确保应急预案的科学性、权威性和操作性。

（5）预防为主，平战结合。贯彻落实"安全第一，预防为主"的方针，坚持事故灾难应急与预防工作相结合。做好预防、预测、预警和预报工作，做好常态下的风险评估、物资储备、队伍建设、完善装备、预案演练等工作。

(四) 组织体系及相关机构职责

全国安全生产事故灾难应急救援组织体系由国务院安委会、国务院有关部门、地方各级人民政府安全生产事故应急领导机构、综合协调指挥机构、专业协调指挥机构、应急支持保障部门、应急救援队伍和生产经营单位组成。

国家安全生产事故灾难应急领导机构为国务院安委会、综合协调指挥机构为国务院安委会办公室,国家安全生产应急救援指挥中心具体承担安全生产事故灾难应急管理工作。专业协调指挥机构是由国务院有关部门管理的专业领域应急救援指挥机构。

地方各级人民政府的安全生产事故灾难应急机构由地方政府确定。

应急救援队伍主要包括消防部队、路桥救护队、专业应急救援队伍、生产经营单位的应急救援队、社会力量、志愿者队伍及有关国际救援力量等。

国务院安委会各成员单位按照职责履行本部门的安全生产事故灾难应急救援和保障方面的职责,负责制定、管理并实施有关应急预案。

(五) 预警预防机制

《国家安全生产事故灾难应急预案》明确了重大危险源监控、重要目标保护、重大事故隐患整改等信息收集、报告程序、预警信息公布程序,预警预防行动方案。

明确了安全生产事故灾难信息的报告单位和报告人、报告时限、报告程序及报告内容,紧急情况下可越级上报。特别重大事故灾难上报至国务院,同时抄送国务院安委会办公室。

明确了国务院安委会办公室与自然灾难、公共卫生、社会安全等应急机构之间的信息通报和处理程序,以及涉及境外的有关事故灾难信息的通报和处理程序。

(六) 应急响应机制

《国家安全生产事故灾难应急预案》明确了分级响应的原则、主体和程序。重点明确了国家响应时（Ⅰ级）国务院安委会办公室、国务院有关部门指挥协调、紧急处置的程序和内容，同时明确了省级应急指挥机构的响应程序和内容以及地方各级人民政府组织应急救援的责任。明确了协调指挥和紧急处置的原则，信息发布责任部门。明确了现场应急救援指挥部的职责和现场应急救援指挥部成立前先期处置的原则。

发生Ⅰ级响应等级的事故，由国务院安委会办公室或国务院有关部门组织实施，事发地各级人民政府按照相应的预案全力以赴组织救援，并及时向国务院及国务院安委会办公室、国务院有关部门报告救援工作的进展情况。Ⅱ级及以下应急响应行动的组织实施由省级人民政府决定。

（七）应急结束和后期处理

《国家安全生产事故灾难应急预案》明确事故现场的遇险人员全部得救，事故现场得以控制，环境符合有关标准，导致此生、衍生事故隐患得到消除，并经现场应急救援指挥部确认和批准，应急救援工作方可结束。同时，明确应急结束后，要做好善后处置、保险理赔、事故调查等工作，要及时总结经验教训并提出改进建议。

（八）应急保障

《国家安全生产事故灾难应急预案》明确要从建立健全国家安全生产事故灾难应急救援综合信息网络系统和重大安全生产事故灾难信息报告系统，建立完善救援力量和资源信息数据库等方面来做好通讯与信息保障工作。同时，明确从技术装备、应急队伍、交通运输、医疗卫生、物资、资金、社会动员、避难场所等方面做好应急保障工作。还明确要求加强应急宣传、培训和演习，做好对应急预案实施的全过程进行的监督检查。

三、路桥管理单位安全生产的事故应急预案

国家安全生产应急救援指挥中心组织编制了《生产经营单位安全生产事故应急救援预案编制导则》（AQ/T9002—2006）（以下简称《导则》）。《导

则》规定了生产经营单位编制安全生产事故应急预案的基本要求，适用于中华人民共和国领域内从事生产经营活动的单位，同样也适用于路桥管理单位。《导则》对应急预案的编制工作提出了要求，描述了企业应急预案的编制程序，重点帮助企业编制切合实际的应急预案。《导则》提出了应急预案体系，并分别对综合应急预案、专项应急预案和现场处置方案进行了描述，重点解决目前企业应急预案针对性不强，内容重复，上下一样"粗"的问题。

根据《导则》，路桥管理单位安全生产事故应急预案可以由综合应急预案、专项应急预案和现场应急处理方案构成，明确路桥管理单位在事前、事发、事中、事后的各个过程中相关部门和有关人员的职责。路桥管理单位结合本单位的组织结构、管理模式、风险种类、生产规模的特点，可以对应急预案主体结构等要素进行调整。

1. 综合应急预案

综合应急预案是从总体上阐述了事故的应急方针、政策，应急组织结构及相关应急职责，应急行动、措施和保障等基本要求和程序，是应对各类事故的综合性文件。

综合应急预案的主要内容包括：总则、生产经营单位概况、组织机构及职责、预防与预警，应急响应、信息发布、后期处置、保障措施、培训与演练、奖惩、附则 11 个部分。

2. 专项应急预案

专项应急预案是针对具体的事故类别（如火灾、危险化学品泄漏等事故）、危险源和应急保障而制定的计划或方案，是综合应急预案的组成部分，应按照综合应急预案的程序和要求组织制定，并作为综合应急预案的附件。专项应急预案应制定明确的救援程序和具体的应急救援措施。

专项应急预案的主要内容包括：事故类型和危害程度分析、应急处置基本原则、组织机构及职责、预防与预警、信息报告程序、应急处置、应急物资与装备保障 7 个部分。

3. 现场应急处置方案

现场应急处置方案是针对具体的装置、场所或设施、岗位所制定的应急处置措施。现场处置方案应具体、简单、针对性强。现场处置方案应根据风险评估及危险性控制措施逐一编制，做到事故相关人员应知应会，熟练掌握，并通过应急演练，做到迅速反应、正确处置。

现场处置方案的主要内容包括事故的特征、应急组织与职责、应急处置、注意事项四个部分。

第三单元　路桥应急预案编制

路桥事故对社会具有极大的危害，而路桥管理应急救援工作又涉及众多部门和多种救援队伍间的协调配合，所以编制路桥管理应急救援预案是路桥管理应急救援工作的核心内容之一，是开展路桥应急救援工作的重要保障。科学的编制路桥管理应急预案成为一项社会性的工程，应受到政府和路桥管理单位的高度重视。

一、路桥应急救援预案的编制原则

路桥管理单位应急救援预案的编制主要有以下原则。

（1）路桥管理单位事故应急预案应针对那些可能造成本企业、本系统管辖范围内人员死亡或严重伤害、设备和环境受到严重破坏而又具有突发性的灾害，如车辆火灾、运输危化品泄漏等。

（2）路桥管理单位事故应急预案是对日常安全管理工作的必要补充，路桥事故应急预案应以完善的预防措施为基础，体现"安全第一、预防为主、综合治理"的方针。

（3）路桥管理单位事故应急预案应以努力保护人身安全、防止人员伤害为第一目的，同时兼顾设备和环境的防护，尽量减少灾害的损失程度。

（4）路桥管理单位编制现场事故应急预案，应包括对路桥管理中紧急情况的处理程序和措施。

（5）路桥管理单位事故应急预案应结合实际，措施应明确具体，具有很强的可操作性。

（6）路桥管理单位应确保事故应急预案符合国家法律、法规的规定，不应把事故应急预案作为重大危险设施维持安全运行状态的替代措施。

（7）路桥管理单位事故应急预案应经常检查修订，以保证先进和科学的防灾减灾设备和措施得到采用。

二、路桥管理应急预案的基本要求

编制应急预案是进行应急准备的重要工作内容之一，编制应急预案不但要遵守一定的编制程序，同时应急预案的内容也应满足下列基本要求。

（一）路桥管理应急预案要有针对性

路桥管理应急预案应结合路桥危险分析的结果，针对以下内容进行编制，确保其有效性。

（1）针对路桥管理中的重大危险源。重大危险源是指长期或临时的生产、搬运、使用或者储存的危险物品，且危险物品的数量等于或者超过临界量的单元（包括场所和设施）。重大危险源历来就是国家安全生产监管的重要对象，在《中华人民共和国安全生产法》中明确要求针对重大危险源进行定期检测、评估、监控，并制定相应的应急预案，路桥管理中涉及的重大危险源主要是在桥梁附近储存的重大危险物品或者是运输的重大危险物品等。

（2）针对路桥管理中可能发生的各类事故。由于应急预案是针对可能发生的事故而预先制定的行动方案，因此，应在编制应急预案之初就要对路桥管理单位中可能发生的各类事故进行分析与辨识，在此基础上编制预案，才能确保应急预案拥有更广范围的覆盖性。同时，不同的管理对象可能发生的事故类型也往往不相同，因此也间接说明了不同企业的应急预案也应该存在差异。

（3）针对关键的岗位和地点。不同的路桥管理单位，同一路桥管理单位不同管理岗位所存在的风险大小往往是不同的，要针对特殊或关键的工作岗位和地点。这些岗位和地点在同行业中的事故发生概率较高；或者发生概率低，但是一旦发生事故造成的后果却十分严重。针对这些关键的岗位和地点，应当编制应急预案。

（4）针对路桥管理中的薄弱环节。路桥管理单位的薄弱环节主要指路桥管理单位为应对重大事故发生而存在的应急能力缺陷或不足的方面。路桥管理单位在进行重大事故应急救援的过程中，人力、救援装备等资源可能会满足不了要求，针对这种情况，企业在编制应急预案的过程中，必须针对这些方面的内容提出弥补措施。

（5）针对重要工程。重要工程的建设或管理单位应当编制应急预案。这些重要工程往往关系到国计民生的大局，一旦发生事故，其造成的影响或损失往往不可估量，因此，针对这些重要工程应当编制相应的应急预案。

（二）路桥管理应急预案要有科学性

路桥应急救援工作是一项科学性很强的工作。编制应急预案必须以科学的态度，在全面调查研究的基础上，实行领导和专家相结合的方式，开展科学分析和论证，制定出正确适用的决策程序和处理方案，应急手段先进的应急反应方案，使应急预案真正具有科学性。

（三）路桥管理应急预案要有可操作性

路桥管理应急预案应具有实用性或可操作性。即发生重大路桥事故灾难时，有关应急组织、人员可以按照应急预案的规定迅速、有序、有效地开展应急救援行动，降低事故损失。为确保应急预案的实用性、可操作性，重大路桥事故应急预案在其编制过程中应充分分析、评估本地可能存在的重大危险及其后果，并结合自身应急资源、能力的实际，对应急过程中的一些关键信息如潜在重大危险及后果进行分析、支持保障条件、决策、指挥与协调机制等进行系统的描述。同时，应急相关方应确保重大事故应急所需的人力、设施和设备、资金以及其他必要资源。

（四）路桥管理应急预案要有完整性

路桥管理应急预案内容应完整，包括实施应急响应行动需要的所有基本信息。路桥管理应急预案的完整性主要体现在下列几方面。

（1）功能完整。路桥应急预案中应说明有关部门应履行的应急准备、应急响应职能和灾后恢复职能，说明为确保履行而存在的支持性职能。

（2）应急过程完整。应急管理一般可划分为应急预防（减灾）、应急准备、应急响应和应急恢复 4 个阶段，每一阶段的工作以前一阶段的工作为基础，目标是减轻重大事故造成的冲击，把影响降至最小，因此可能会涉及不同性质的应急预案。重大路桥事故应急预案至少应涵盖上述 4 阶段，尤其是应急准备和应急响应阶段，应急预案应全面说明这两阶段的有关应急事项。同时，路桥管理应急预案应包含对事故现场进行短期恢复的内容，如恢复基础设施的"生命线"，包括供水、供电、供气或疏通道路等以方便救援，此类行动是应急响应的自然延伸，也包括在应急预案中。此外，由于短期恢复状况会影响减灾策略的实施，因此，路桥管理应急预案中又必然涉及有关减灾策略的内容。

（3）适用范围完整。路桥管理应急预案中应阐明该预案的适用范围。路桥管理应急预案的适用范围不仅仅指在本区域或路桥管理单位内发生事故时应启动预案。其他区域或生产经营单位发生事故，也有可能作为该预案的启动条件，即针对不同事故的性质，可能会对预案的适用范围进行扩展。

（五）路桥管理应急预案要合法合规

路桥管理应急预案中的内容应符合国家法律、法规、标准和规范的要求。路桥管理应急预案的编制工作必须遵守相关法律法规的规定。我国有关生产安全应急预案的编制工作的法律法规包括《中华人民共和国安全生产法》《中华人民共和国突发事件应对法》《生产安全事故报告和调查处理条例》《生产经营单位安全生产事故应急预案编制导则》等，因此，编制安全生产应急预案必须遵守这些法律法规的规定,并参考具体灾害类型的法律、法规、标准和规范要求。

(六) 路桥管理应急预案要有可读性

路桥管理应急预案应当包含应急所需的所有基本信息,这些信息如组织不善可能会影响预案执行的有效性,因此预案中信息的组织方式应有利于其使用和获取,并具备相当的可读性。

(1)易于查询。应急预案中信息的组织方式应有助于使用者找到所需要的信息,各章节组成部分阅读起来较为连贯,能够较为轻松方便地掌握章节安排,查询到所需要的信息。

(2)语言简洁,通俗易懂。应急预案编写人员应使用规范语言表达预案内容,并尽可能使用诸如地图、曲线图、表格等多种信息的表达形式,使所编制的应急预案语言简洁,通俗易懂。应急预案中应主要采用当地的官方语言文字进行描述,必要时补充当地语种;尽可能引用被普遍接受的原则、标准和规程,对于那些对编制应急预案有重要作用的依据应列入预案附录;高度专业化的技术用语或信息应采用使用者能理解的方式说明。

(3)层次及结构。应急预案应有清晰的层次结构。正如前文所述,由于可能发生的类型多样,影响范围也各有不同,因此,应根据不同事故的类型、特点和具体场合场所合理编制各类预案。

(七) 路桥管理应急预案要相互衔接

路桥管理应急预案应相互协调一致、相互兼容。如路桥管理单位的应急预案,应与上级单位应急预案、当地政府应急预案、主管部门应急预案、下级单位应急预案等相互衔接,确保出现紧急情况时能够及时启动各方应急预案,有效控制事故。

三、路桥管理应急预案编制步骤

应急预案的编制过程可分为以下四个步骤。

（一）成立预案编制小组

应急预案的成功编制需要有关职能部门和团体的积极参与，并达成一致意见，尤其是应寻求与危险直接相关的各方进行合作。成立应急预案编制小组是将各有关职能部门、各类专业技术有效结合起来的最佳方式，可有效地保证应急预案的准确性、完整性和实用性，而且为应急各方提供了一个非常重要的协作与交流的机会，有利于统一应急各方的不同观点和意见。

（二）危险分析和应急能力评估

为了准确策划应急预案的编制目标和内容，应开展危险分析和应急能力评估工作。为有效开展此项工作，预案编制小组首先应进行初步的资料收集，包括路桥管理相关法律法规、应急预案、技术标准、国内外同行业事故案例分析、本单位技术资料、重大危险源等。

1. 危险分析

危险分析是应急预案编制的基础和关键过程。在危险因素辨识分析、评价及事故隐患排查、治理的基础上，确定本区域或本单位可能发生事故的危险源、事故的类型、影响范围和后果等，并指出事故可能产生的次生、衍生事故，形成分析报告，分析结果作为应急预案的编制依据。

2. 应急能力评估

应急能力包括应急资源（应急人员、应急设施、装备和物资）、应急人员的技术、经验和接受的培训等，它将直接影响应急行动是否快速、有效。应急能力评估就是依据危险分析的结果，对应急资源的准备状况充分性和从事应急救援活动所具备的能力评估，以明确应急救援预案的需求和不足，为应急预案的编制奠定基础。

（三）应急预案编制

针对可能发生的事故，结合危险分析和应急能力评估等信息，按照《国家突发公共事件总体应急预案》《省（区、市）人民政府突发公共事件总体应急预案框架指南》（国办函〔2004〕39号）、《生产经营单位安全生产事故应急预案编制导则》（AQ/T9002—2006）等有关规定和要求编制应急预案。

应急预案的编制过程中，应注重编制人员的参与和培训，充分发挥他们各自的专业优势，使他们均掌握危险分析和应急能力评估结果，明确应急预案的框架、应急过程行动重点以及应急衔接、联系要点等。同时，编制的应急预案应充分利用社会应急资源，考虑与政府应急预案、上级主管单位以及相关部门的应急预案相衔接。

（四）应急预案的评审

1. 应急预案的评审

为确保应急预案的科学性、合理性以及实际情况的符合性，应急预案编制单位或管理部门应依据我国有关应急的方针、政策、法律、法规、规章、标准和其他有关应急预案编制的指南性文件与评审检查表，组织开展应急预案评审工作，取得政府有关部门和应急机构认可。

2. 应急预案的发布

重大事故应急预案经评审通过后，应由最高行政负责人签署发布，并报送有关部门和应急机构备案。如图3-1所示。

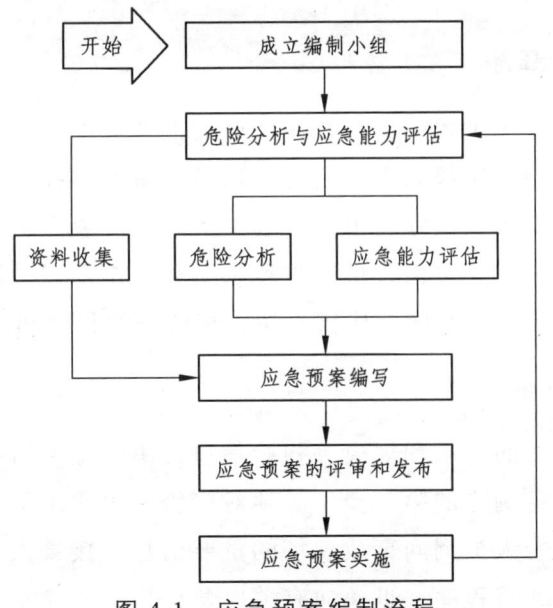

图4-1 应急预案编制流程

四、路桥管理应急预案主要内容

完整的路桥管理应急预案主要包括以下 6 个方面的内容。

(一) 应急预案概况

应急预案概况主要描述路桥管理单位概况以及危险特性状况等,同时对紧急情况下应急事件、适用范围提供简述并作必要说明,如明确应急方针与原则,作为开展应急救援工作的纲领。

(二) 预防程序

预防程序是对路桥管理中潜在事故、可能发生的次生与衍生事故进行分析并说明所采取的预防和控制事故的措施。

(三) 准备程序

准备程序应说明路桥应急行动前所需采取的准备工作,包括应急组织及其职责权限、应急队伍建设和人员培训、应急物资的准备、预案的演练、公众的应急知识培训、签订互助协议等。

(四) 应急程序

在路桥应急救援过程中,存在一些必需的核心功能和任务,如接警与通知、指挥与控制、警报和紧急公告、通信、事态监控与评估、警戒与治安、人群疏散与安置、医疗与卫生、公共关系、应急人员安全、消防和抢险、泄漏物控制等,无论何种应急过程都必须围绕上述功能和任务开展。路桥管理应急程序主要实施上述核心功能和任务的程序和步骤。

1. 接警与通知

准确了解事故的性质和规模等初始信息是决定是否启动应急救援的关键。接警作为应急响应的第一步,必须对接警要求作出明确规定,保证迅速、准确地向报警人员询问事故现场的重要信息。接警人员接到报警后,应按预先确定的通报程序,迅速向有关应急机构、政府及上级部门发出事故通知，以采取相应的行动。

2. 指挥与控制

重大路桥管理事故应急救援往往需要多个救援机构的共同处理，因此，对应急行动的统一指挥和协调是有效开展应急救援的关键。建立统一的应急指挥、协调和决策程序，便于对事故进行初始评估，确认紧急状态，从而迅速有效地进行应急响应决策，建立现场工作区域，确定重点保护区域和应急行动的优先原则，指挥和协调现场各救援队伍开展救援行动，合理高效地调配和使用应急资源等。

3. 警报和紧急公告

当事故可能影响到周边地区，对周边地区的公众可能造成威胁时，应及时启动报警系统，向公众发出警报，同时通过各种途径向公众发出紧急公告，告知事故性质，对健康的影响、自我保护措施、注意事项等，以保证公众能够及时做出自我保护响应。决定实施疏散时，应通过紧急公告确保公众了解疏散的有关信息，如疏散时间、路线、随身携带物、交通工具及目的地等。

4. 通信

通信是应急指挥、协调与外界联系的重要保障，在现场指挥部、应急中心、各应急救援组织、新闻媒体、医院、上级政府和外部救援机构之间，必须建立完善的应急通信网络，在应急救援过程中应始终保持通信网络的通畅，并设立设备通信系统。

5. 事态监测与评估

在救援过程中必须及时对事故的发展事态及影响进行动态的监测，建立对事故现场及现场外的监测和评估程序。事态监测在应急救援中起着非常重要的决策支持作用，其结果不仅是控制事故现场，制定消防、抢险措施的重要决策依据，也是划分现场工作区域、保障现场应急人员安全、实施公众保护措施的重要依据。即使在现场恢复阶段，也应当对现场的环境进行监测。

6. 警戒与治安

为保障现场救援工作的顺利开展，在事故现场周围建立警戒区域，实施交通管制，维护现场治安秩序是十分必要的，其目的是要防止与救援无关人员进入事故现场，保障救援队伍、物资运输和人员疏散等的交通通畅，并避免发生不必要的伤亡。

7. 人群的疏散与安置

人群疏散是减少人员伤亡扩大的关键，也是最彻底的应急响应。应当对疏散的紧急情况和决策、预防性疏散准备、疏散区域、疏散距离、疏散路线、疏散运输工具、避难场所以及回迁等作出细致的规定和准备，应考虑疏散人群的数量、所需要的时间、风向等环境变化以及老弱病残等特殊人群的疏散问题。对已实施临时疏散的人群，要做好临时生活安置，保障必要的水、电、卫生等基本条件。

8. 医疗与卫生

对受伤人员采取及时、有效的现场急救，合理转送医院进行治疗，是减少事故现场人员伤亡的关键。医疗人员必须了解城市主要的危险，并经过培训，掌握对受伤人员进行正确消毒和治疗的方法。

9. 公共关系

路桥重大事故发生后，不可避免地会引起新闻媒体和公众的关注。应将有关事故的信息、影响、救援工作的进展等情况及时向媒体和公众公布，以消除公众的恐慌心理，避免公众的猜疑和不满。应保证事故和救援信息的统一发布，明确事故应急救援过程中对媒体和公众的发言人和信息批准、发布的程序，避免信息不一致。同时，还应处理好公众的有关咨询，接待和安抚受害者家属。

10. 应急人员安全

路桥重大事故尤其是涉及危险物质泄漏等重大事故的应急救援工作危险性极大，必须对应急人员自身的安全问题进行周密的考虑，包括安全预防措施、个体防护设备、现场安全监测等，明确紧急撤离应急人员的条件和程序，保证应急人员免受事故的伤害。

11. 抢险与救援

抢险与救援是应急救援工作的核心内容之一，其目的是为了尽快地控制事故的发展，防止事故的蔓延和进一步扩大，从而最终控制住事故，并积极营救事故现场的受害人员。尤其是涉及危险物质的泄漏、火灾事故，其消防和抢险工作的难度和危险性十分巨大，应对消防和抢险的器材和物资、人员的培训、方法和策略以及现场指挥等做好周密的安排和准备。

12. 危险物质的控制

危险物质的泄漏或失控，将可能引发火灾、爆炸或中毒事故，对现场人员和路桥等造成严重的危害。而且，泄漏的危险物质以及夹带了有毒物质的灭火用水，都可能对环境造成巨大影响，同时也会给现场救援工作带来更大的危险。因此，必须对危险物质进行及时有效的控制，如对泄漏物的围堵、收容和消洗，并进行妥善处置。

（五）恢复程序

恢复程序是事故现场应急行动结束后所需采取的消除和恢复行动。现场恢复是在事故被控制后进行短期恢复，从应急过程来说意味着应急救援工作的结束，并进入到另一个工作阶段，即将现场恢复到一个基本稳定的状态。经验教训表明，在现场恢复的过程中往往仍存在潜在的危险，如二次事故等，所以，应充分考虑现场恢复过程中的危险，制定恢复程序，防止事故再次发生。

（六）预案管理与评审改进

应急预案是应急救援工作的指导文件。应当对预案的制定、修改、更新、批准和发布做出明确的管理规定，保证定期对应急演练、应急救援预案进行评审，针对各种变化的情况以及预案中所暴露出的缺陷，不断地完善应急预案体系。

第四单元　路桥应急预案管理

根据《突发事件应急预案管理办法》〔2013〕101号文件的要求,应急预案管理工作主要包括应急预案的审批与发布、培训和宣传教育、应急演练、修订、更新等内容。做好路桥安全应急预案管理工作是路桥安全应急管理工作的重要组成部分,是开展路桥应急救援的一项基础性工作。同时也是降低路桥管理事故风险,及时有效地开展路桥应急救援工作的重要保障,是促进路桥安全管理的重要手段。

一、应急预案审批与发布

应急预案编制完成后,应进行审批。对路桥管理应急预案进行审批的目的是确保应急预案能反映当地政府或路桥管理单位经济、技术发展、应急能力、危险源、危险物品使用、法律及地方法规、道路建设、人口、应急电话等方面的最新变化,确保应急预案与危险状况相适应。

审批后,按规定报有关部门备案,并经路桥管理单位主要负责人签署发布。

(一) 应急预案评审类型

应急预案草案应经过所有要求执行该预案的机构或为应急预案执行提供支持的机构的评审。同时,应急预案作为重大事故应急管理工作的规范文件,一经发布,具有相当的权威性。因此,应急管理部门或编制单位应通过应急预案的评审过程不断地更新、完善和改进应急预案文件体系。根据评审性质、评审人员和评审目标的不同,将评审过程分为内部评审和外部评审两类。

1. 内部评审

内部评审是指编制小组内部组织的评审。应急预案编制单位应在应急预案初稿编写完成之后，组织编写成员及企业内各职能部门负责人对应急预案进行内部评审，内部评审不仅要确保语句通畅，更重要的是各职能部门的应急管理职责清晰，应急处理程序明确以及应急预案的完整性。编制小组可以对照检查表检查各自的工作或评审整个应急预案，以获得全面的评估结果，保证各种类型应急预案之间的协调性和一致性。

内部评审工作完成之后，应急预案编制单位可以根据实际情况对预案进行修订。如果涉及外部资源，应进行外部评审。如果不涉及外部资源，根据情况或上级部门的意见而定。

2. 外部评审

外部评审是应急预案编制单位组织同行专家、上级机构、社区及有关政府部门对应急预案进行的评审。外部评审的主要作用是确保应急预案中规定的各项权利法制化，确保应急预案被所有部门接受。根据评审人员和评审机构不同，外部评审可分为同行评审、上级评审、社区评议和政府评审 4 类。

（1）同行评审：应急预案内部评审并修订完成之后，编制单位应邀请具备与编制成员类似资格或专业背景的人员进行同行评审，以便对应急预案提出客观意见。此类人员一般包括：

① 各类工业企业及管理部门的安全、环保专家、或救援服务部门的专家。

② 其他有关应急管理部门或支持部门的专家（如消防部门、公安部门、环保部门和卫生部门专家）。

③ 本地区熟悉应急救援工作的专家。

（2）上级评审：上级评审是指由应急预案编制单位将所起草的应急预案交由其上一级组织机构进行的评审，一般在同行评审及相应的修订工作完成以后进行。重大事故应急响应过程中，需要有足够的人力、装备（包括个人防护设备）、财政等资源的支持，所有应急功能（职能）的相关方应确保上述资源保持随时可用状态。实施上级评审的目的是确保有关责任人或组织机构对应急预案中要求的资源予以授权和做出相应承诺。

（3）社区评议：社区评议是指在应急预案审批阶段，应急预案编制单位组织公众对应急预案进行评议。公众参与应急预案评审不仅可以改善应急预案的完整性，也有利于促进公众对应急预案的理解，使其被周围各社区正式接受，从而提高对事故的有效预防。

（4）政府评审：政府评审是指由城市政府部门组织有关专家对编制单位所编写的应急预案实施审查批准，并予以备案的过程。政府对于重大事故应急准备或响应过程的管理不仅体现在应急预案的编制上，还应参与应急预案的评审过程。政府评审的目的是确认该应急预案是否符合相关法律、法规、规章、标准和上级政府有关规定的要求，并与其他应急预案协调一致。一般来说，政府部门对应急预案评审后，应通过规范性文件等形式对该应急预案进行认可和备案，如《中国海上船舶溢油应急计划》规定中国海上船舶溢油应急计划和海区溢油应急计划由国家海事行政主管部门负责组织修订；港口水域溢油应急计划由港口所在地的海事行政主管机构负责组织修订，报告国家海事行政主管部门备案。

（二）评审时机

应急预案评审时机是指应急管理机构、组织应在何种情况下、何时或间隔多长时间对应急预案实施评审、修订。对此，国内外相关法规、预案一般都有较为明确的规定或说明。

应急预案的评审、修订时机和频次可以遵循如下规则。

（1）定期评审、修订。

（2）随时针对培训和演练中发现的问题对应急预案实施评审、修订。

（3）评审重大事故灾害的应急过程，吸取相应的经验和教训，修订应急预案。

（4）国家有关应急的方针、政策、法律、法规、规章和标准发生变化时，评审、修订应急预案。

（5）危险源有较大变化时，评审、修订应急预案。

（6）根据应急预案的规定，评审、修订应急预案。

(三) 评审项目

为确保应急预案内容完整、信息准确、符合国家有关法律法规要求，并具有可读性和实用性，一些发达国家和国际性组织有关应急预案编制指南性材料中，都十分强调应急预案评审或评价的作用，部分资料更是对应急预案评审的项目及各项目的的评价指标进行较为详尽的描述。

二、应急预案培训与宣传教育

应急预案培训与宣传教育工作是保证安全生产事故应急预案贯彻实施的重要手段，提高事故防范能力的重要途径。路桥管理单位要按照国家安全监管总局《关于加强安全生产应急管理工作的意见》（安监总应急〔2006〕196号）和《关于加强安全生产应急管理培训工作的实施意见》（安监总应急〔2007〕34号）要求采取不同方式开展安全生产应急管理知识和应急预案的培训和宣传教育工作，使应急预案相关职能部门及其人员提高危机意识和责任意识，明确应急工作程序，提高应急处置和协调能力，在此基础上确保所有从业人员具备基本的应急技能、熟悉企业应急预案、掌握本岗位事故防范措施和应急处置程序，提高应急水平。

各级人民政府及有关部门应当采取多种形式，对发布的应急预案进行广泛宣传，使公众了解应急预案中的有关内容，并开展应急救援法律法规、事故预防、避险、避难、避灾、自救、互救等应急知识的宣传和普及活动，提高公众的安全意识和应急救援能力。同时，应积极组织应急预案的培训，使各类应急人员掌握、熟悉或了解应急预案中与其承担的职责和任务相关的内容，提高应急人员的技能。

地方各级安全生产监督管理部门要结合本地实际和应急预案编制工作进度，统一规划，突出重点，监督和指导生产经营单位广泛开展安全生产事故应急预案的宣传教育和普及工作。要采取有力措施和多种形式，使社会公众了解应急预案的有关内容，掌握基本的事故预防、避险、避灾、自救、互救等应急知识，提高安全意识和应对事故灾难的能力。

路桥单位应当结合本单位的实际情况，进行应急预案的宣贯与培训，积极开展有关应急知识的宣传普及，确保所有从业人员都具备基本的应急技能。

路桥管理单位应当经常对本单位负责应急管理工作的人员以及专职或兼职应急救援的人员进行相应的知识培训。同时，还应加强对安全生产关键责任岗位的职工的应急培训，使其掌握路桥安全事故的紧急处置方法，增强自救互救和第一时间处置突发事故的能力。

三、应急预案演练

应急预案演练是应急准备的一个重要环节。通过训练，可以检验应急预案的可行性和应急反应的准备情况。通过演练，可以发现应急预案中存在的问题，完善应急工作机制，提高应急反应能力。通过演练，可以锻炼队伍，提高应急队伍的作战力，熟练操作技能。通过演练，可以教育广大干部和群众，增强危机意识，提高安全生产的工作自觉性。为此，预案管理和相关规章中都有对应急预案演练的要求。

四、应急预案修订与更新

应急预案必须与路桥管理单位规模、危险等级及应急准备等情况相一致。随着社会、经济和环境的变化，应急预案中包含的信息可能会发生变化。因此，应急组织或应急管理机构应定期或根据实际需要对应急预案进行评审、检验、更新和完善，以便及时更换和变化过时的信息，并解决演练、实施过程中反映出的问题。

当出现以下情况时，应对应急预案进行修订。

（1）法律、法规的变化。

（2）需对应急组织和政策作相应的调整和完善。

（3）机构或部门、人员调整。

（4）通过演练和实际安全生产事故应急反应取得了启发性经验。

（5）需对应急反应的内容进行修订。

（6）其他情况。

应急预案管理部门应根据应急预案评审的结果、应急演练的结果及日常发现的问题，组织人员对应急预案修订、更新，以确保应急预案的持续适宜性。同时，修订、更新的应急预案应通过有关负责人员的认可，并及时进行发布和备案。

第五单元　路桥管理应急典型案例及案例解析

一、案例一　"2.4"突发事件应急处置

（一）发生经过及应急处置情况

2017年2月4日晚9时30分，某大桥单位值班经理孙××、电工杨××、值班驾驶员李×对沿线设施进行巡逻检查，途中接到中控室报告隧道内有15个摄像机突然无显示，同时隧道左右洞部分照明灯具熄灭。巡逻人员当即就往设在隧道内 2 000 m 处的箱式变电站进行查看，发现变电站卷帘门已被撬开，一男子手持砖头正在猛砸线路控制箱。杨××见状不顾个人安危上前迅速制服了该男子，避免了事态的进一步扩大，成功阻止了重大安全事故的发生。

随后，值班经理孙××按照应急救援预案的要求安排中控人员拨打110报警，另安排杨××在事发现场对受损设备进行排查及统计设施的受损情况。杨××首先对现场的裸露线头进行绝缘处理，避免发生次生灾害，其次采取临时措施恢复了隧道照明，保证了隧道内道路的安全通行。值班经理孙××将此情况向桥梁管理负责人彭××进行了汇报，彭××得知情况后也立即向桥梁管理单位领导张××进行了汇报，并通知相关人员到场共同进行事件处置。为了确保设施安全，快速应对突发事件，大桥管理部门对此次受损设施进行了应急抢险。事故现场图见图3-2。

图 4-2 事故现场图片

(二) 案例分析

安全应急救援工作,要坚持以"预防为主、防救结合、统一指挥,分级负责"的原则,更好地适应法律和经济活动的要求,安全应急救援预案是最好的手段。对于路桥管理单位和部门来说,安全应急的主要目标就是处理影响路桥安全的各类突发事件,保证路桥处于最佳的安全状态。这就要求各种应急反应行动要按计划有序的进行,各种应急反应资源处于良好的备战状态,防止因应急反应行动组织不力或现场救援工作无序而耽误应急救援工作。路桥的应急工作贵在神速,跟时间赛跑,因此,应急救援预案就显得尤为重要。

在此案例突发事件中管理单位桥处值班人员意识到位,处置迅速,措施得当,成功抓获了肇事者,避免了重大安全事故的发生。桥处下一步将跟进受损设施的修复工作,收集应急处置材料并作好相关索赔工作,并结合此次事件进一步提高桥处员工的安全意识,从而确保桥隧设施的安全运营,实现应急反应行动的快速、有序、高效。

二、案例二 某路桥管理公司应急救援预案应急处置部分

1. 先期处置

突发事件发生后,事发地责任部处的应急小组组长在报告突发事件信息的同时,及时、有效地进行先期处置,控制事态的蔓延。

2. 总值班室紧急处置

(1)公司领导对突发事件信息做出的指示,应及时向事发部处和公司相关部处传达。同时,与事发现场指挥员保持密切联系,掌握动态,跟踪事态进展。

(2)当政府相关职能部门主导指挥应急处置时,公司应急处置指挥机构应积极配合,按上级应急指挥部指令开展工作。

(3)必要时,经公司领导同意,可临时调动其他部处人员及物资等,对事发部处进行支援。

三、某路桥管理公司制定的针对各种类型突发事件处置程序

序号	事件类型	处置部处	配合部处	处置措施
1	治安事件(含群体闹事事件)	安保部、大桥管理处(如在大桥管理处管辖范围内发生,由大桥管理处牵头)	总经办、党群人力部、财务部、法审部、经营部	(1)立即赶赴现场(如事态轻微,无人伤亡或财产损失)自行处理; (2)(如事态严重)立即报警; (3)隔离和劝散围观人员,保持通道畅通; (4)配合调查,现场取证; (5)倾听民意,疏导群众; (6)对事故受伤人员施救; (7)清理现场,恢复秩序

续表

序号	事件类型	处置部处	配合部处	处置措施
2	交通事故（人员伤亡、设施损坏）	大桥管理处	安保部、总经办、设施部、总工办、财务部、法审部、经营部	（1）立即报警并报告责任部处，并通知有关部处人员赶赴现场； （2）配合交警视情况疏散人员，隔离围观群众； （3）现场取证，并填写车祸事故情况登记表，事故当事人签字； （4）配合医务人员对事故伤亡人员分别施救和处理； （5）将机动车移至不妨碍交通的地点； （6）根据损毁设施的不同权属，通知道路、桥梁、供电、通信等有关部门及时处理； （7）初步评估出车祸对设施影响程度的结果，及时办理索赔事宜； （8）车祸事故造成的设施修复，在赔偿金额能够自行平衡的情况下，原则上按车祸赔偿合同走流程报批。如果车祸事故造成了较大的设施损毁或严重安全隐患，按《路桥运营抢险工程管理办法》执行； （9）实施临时抢险，以恢复交通； （10）后期对损毁的现场设施进行修复
3	运输易燃易爆、危化品车辆在桥上滞留或发生泄漏	大桥管理处	安保部、总经办、设施部、总工办、财务部、法审部、经营部	（1）立即向公司领导报告和报警，对车辆进行监控； （2）配合公安机关封锁现场，疏散人员，保证救援车辆进入； （3）配合环保部门对危险化学品事故现场进行应急环境监测； （4）敦促公安、消防等单位，尽快处理，直到全部转移到安全的地方为止； （5）配合环保、消防部门实施现场清理以消除隐患

续表

序号	事件类型	处置部处	配合部处	处置措施
4	船舶等漂浮物危及桥墩	大桥管理处	安保部、总经办、设施部、总工办、财务部、法审部、经营部	（1）发现该隐患的人员，在向有关部处报告的同时，不得离开，并采取适当措施予以监护； （2）配合交警部门在大桥两端实施紧急封路措施； （3）通知海事、航道部门立即赶赴现场； （4）配合政府有关部门采取措施引导船舶等大型河道漂浮物避开桥墩，或者减小漂浮物的速度和对桥墩的冲击，将损失降到最低； （5）现场勘察组织人员对事发现场做好资料收集，对抢险救灾的过程进行摄像照相； （6）待船舶等大型河道漂浮物通过大桥后，视其对桥墩的撞击情况，或者对被撞桥墩进行有关检测，或者立即组织专家对大桥的安全状态进行评估，若无大碍立即开放交通； （7）大桥如有损伤，应对受损的桥墩进行检测，并尽快出台桥梁抢修方案
5	地震、自然灾害等不可抗力事件	大桥管理处	安保部、总经办、党群人力部、设施部、总工办、财务部、法审部、经营部	（1）立即赶赴现场； （2）配合应急办、公安等相关部门，组织营救被困群众和受伤人员； （3）做好安抚工作，发动群众自救互救； （4）配合医疗救助和卫生防疫； （5）协助调集所需物资；
5	地震、自然灾害等不可抗力事件	大桥管理处	安保部、总经办、党群人力部、设施部、总工办、财务部、法审部、经营部	（6）组织力量对管辖范围的设施进行检查，开展应急抢险，帮助尽快恢复生产和生活秩序。查看设施受损情况，并组织有关专家对桥梁的技术状况进行评估。根据现场设施受损的严重程度，协助强力部门采取封闭交通等措施； （7）对存在安全隐患的设施，应采取临时抢险，设置警示标志

续表

序号	事件类型	处置部处	配合部处	处置措施
6	车辆事故造成大面积漏油或发生自燃	大桥管理处	安保部、总经办、设施部、总工办、财务部、法审部、经营部、安保部	（1）立即赶赴现场； （2）组织疏散和营救被困群众和受伤人员； （3）配合交警、消防部门清除现场油污以消除隐患
7	高边坡或挡墙等附属设施发生垮塌	大桥管理处	安保部、总经办、设施部、总工办、财务部、法审部、经营部	（1）立即赶赴现场； （2）配合市、区应急部门及公安、消防、市政或土地房管组织疏散和营救被困群众和受伤人员； （3）积极配合清障，尽快疏通交通； （4）共同会商，对路桥遂损失情况进行评定； （5）组织应急抢险
8	恐怖分子对大桥从事破坏活动	直接由强力部门处置	安保部、总经办、设施部、总工办、财务部、法审部、经营部	（1）立即赶赴现场； （2）配合公安和应急部门迅速封锁现场和要道，维护治安和交通秩序； （3）营救受伤人员； （4）尽快查明情况，以防事态发展； （5）全力抢险，以消除隐患； （6）协助开展缉捕行动； （7）加强防范控制，加大巡逻守护力度
9	办公区域和重点要害部位发生重大火灾事故	大桥管理处	安保部、总经办、党群人力部、设施部、总工办、财务部、法审部、经营部	（1）立即赶赴现场组织疏散和营救被困及受伤人员； （2）协同配合公安消防部门全力灭火抢险； （3）尽快查明情况，以防事态发展

续表

序号	事件类型	处置部处	配合部处	处置措施
10	隧道内车辆发生自燃或车辆事故损坏重要设施	大桥管理处	安保部、总经办、设施部、总工办、财务部、法审部、经营部	（1）立即赶赴现场组织疏散和营救被困群众和受伤人员； （2）配合交警、消防部门实施交通管制，全力灭火； （3）配合交警和消防部门在大火扑灭后移动事故车辆并进行清障； （4）对隧道损坏情况进行评定； （5）根据损毁设施的不同权属，通知道路、桥梁、供电、通信等有关部门及时处理； （6）实施抢险，恢复交通
11	施工现场发生重大人员伤亡事故	大桥管理处	安保部、总经办、设施部、总工办、财务部、法审部、经营部	（1）第一时间赶赴现场，立即停止事故现场周边的作业并启动生产安全事故应急预案； （2）作好现场的保护工作； （3）配合市、区安监、公安、卫生等部门对伤亡人员进行救治和处理； （4）配合调集应急队伍进入现场，采取有效措施，控制事态
12	雷电、强风、暴雨造成重要设施损坏或汛期发生重要道路被淹没	大桥管理处	安保部、总经办、设施部、总工办、财务部、法审部、经营部	（1）第一时间赶赴现场查看情况； （2）紧急营救被困人员； （3）根据损毁设施的不同权属，通知市政、道路、桥梁、供电、通信等有关部门及时处理； （4）视情况采取封路、交通管制等措施； （5）调集力量实施紧急抢险，恢复交通
13	大桥供配电设施发生火灾	大桥管理处	安保部、总经办、设施部、总工办、财务部、法审部、经营部	（1）要求供配电室人员第一时间切断电源，如火势较大，无法切断电源时，通知上一级变配电所切断电源； （2）第一时间赶赴现场处理； （3）如火势较大应急队伍无法控制，迅速通知消防部门处置，再通知电力等部门到场处理； （4）配合消防、电力部门实施灭火、修复等工作

续表

序号	事件类型	处置部处	配合部处	处置措施
14	主桥、立交或隧道发生垮塌	大桥管理处	安保部、总经办、设施部、总工办、财务部、法审部、经营部	（1）第一时间赶赴现场查看情况； （2）组织营救被困人员； （3）通知公安、市政、国土、电力、通信等部门到场处理； （4）视情况配合交警采取封路、交通管制等措施； （5）将情况及时告知租赁和回购方业主，要求对方立即整改，并在事后检查落实情况。调集力量实施临时紧急抢险，尽快恢复交通
15	由于轻轨运行造成桥梁设施损坏	大桥管理处	安保部、总经办、设施部、总工办、财务部、法审部、经营部	（1）第一时间赶赴现场查看情况； （2）通知交警、轻轨集团等到场处置； （3）视损坏程度确定是否采取封路封桥等措施； （4）对受损设施进行检测，并尽快出台桥梁抢修方案； （5）调集力量实施紧急抢险，尽快恢复交通
16	大雾、冰雪等恶劣天气造成道路不具备通行能力	大桥管理处	安保部、总经办、设施部、总工办、财务部、法审部、经营部	（1）第一时间赶赴现场； （2）划出警戒线，疏散车辆和人群； （3）视情况通知交警实施临时封路及交通管制措施； （4）调集力量对路面进行整治，清除路障
17	超长隧道停电	大桥管理处	安保部、总经办、设施部	（1）及时联系供电部门，了解停电原因和大致来电时间； （2）按要求设置临时警告标志、限速标志，提醒过往车辆减速缓行； （3）加大巡查力度，严防隧道内各类突发事故的发生； （4）如隧道内发生突发事故或堵车、拥挤等状况，配合交警做好交通管制和疏导工作

四、设备设施损坏的应急处置

1. 现场调查

（1）保护事故现场：事故发生后，在实施应急救援处理的同时，由安全保卫组做好事故现场的安全保卫工作，未经调查和记录的事故现场，不得随意变动。安全保卫组要对事故现场和损坏的设备进行照相、录像，收集资料，全力配合上级调查部门开展事故调查工作。因紧急抢修防止事故扩大等需变动事故现场时，应经过上级调查部门和公司指挥组长同意，并做出标志，绘制现场简图，写出书面记录，保存痕迹、物证。

（2）收集整理原始资料：事故调查组在对事故现场和损坏设备、设施的资料进行收集的同时，立即组织当班员工和其他有关人员如实提供现场情况并写出事故原始资料，分析汇总并整理出事故调查报告书，上报给上级相关部门。

2. 设施设备抢修和恢复

（1）现场勘察：发生险情后现场处置救援组立即赶赴现场勘察险情，并根据情况判定工程抢险等级。

（2）损失评估：现场勘察组根据现场设施损坏情况大致推算出直接和间接经济损失。

（3）先期处置：如果险情复杂或情况不明，应先开展临时处置，再制定下一步处置方案。先期处置按公司一级应急抢险处理制订抢修方案。

（4）提出处置意见：现场处置救援组根据现场实际情况制定现场抢险处置意见，再由公司技术部处和领导审核。根据抢险工程的技术复杂性，再确定是否组织专家和有关单位参加方案论证会。

（5）开展后期处置：现场临时处置工作完成后，由相关责任部处编制应急抢险处置报告，就工程方案和费用等信息上报公司设施部等有关部处审核后，再报公司审批。必要时需上报上级主管部门的工程部等相关部门，进行备案和沟通后再行处置。

3. 处置费用

（1）先期处置的费用：先期现场处置的费用由责任部处负责申报，内容应包括发现险情及现场先期处置的报告、图片、工程量记录表及签证单，经公司费用审批流程审核，按实际发生的进行结算。

（2）后期处置费用：应急抢险费用小于50万元时，费用从公司维护资金不可预见费中进行调节。当费用不能调节时，需向上级主管部门申报追加费用，同时，应通知上级主管部门和设施部、安保部、经营部等相关部处了解事件过程和情况，便于费用审核。无论申报金额的大小，责任部处申报内容均应包括排除险情的报告、抢险方案、工程量记录表及签证单，经公司或上级主管部门相应费用审批流程审核。

4. 处置结束

应急处置结束后，由现场指挥部宣布处置结束。参加处置的人员和装备撤离现场，工作转入善后阶段。

案例分析：应急救援预案分为综合应急预案、专项应急预案、现场应急预案和单项应急预案（详见本篇第二单元）。一个管理单位要制定各类应急预案，要清楚各类预案的作用和编写要求，并且各类预案之间要互相配合和衔接得当。

此案例对预案的分类不是很明确，"（三）各种类型突发事件处置程序"应属于专项应急预案，专项应急预案应当包括危险性分析、可能发生的事故特征、应急组织机构与职责、预防措施、应急处置程序和应急保障等内容。此案例中针对各类突发事件的专项预案处置程序过于简单，也没有进行必要的危险性分析，事故发生后，如需启动专项应急救援预案，各类型事故应按照具体应急预案中的要求实施应急处置，如若不然会给具体的处置工作带来指示不明确，思路不清晰，现场处置混乱的影响，甚至可能因为危险分析不够带来新的伤害。因此各类预案的制定必须严格按照要求执行。

第五篇　路桥应急演练

第一单元　应急演练概述

加强应急预案演练是加强应急管理工作的一项重要工作任务和内容。演练是政府部门和企事业单位提高应急准备工作水平的重要环节，也是检验、评价和提高应急救援能力的一个重要手段。路桥应急演练对于预防事故的发生，减少路桥事故造成的损失有重要的意义。路桥应急演练对于增强应对突发重大事故应急救援的信心，提高路桥应急救援人员的工作水平和应急处置熟练程度，进一步明确岗位和责任，提高各级应急预案响应的协调性，提高应急反应能力具有重要意义。

一、应急演练的定义

指来自多个机构、组织或群体的人员针对模拟的紧急情况，执行实际紧急事件发生时各自所承担任务的排练活动。

二、路桥应急演练目的

路桥的应急演练有两个基本功能，就是培训和测试，其主要目的在于测试相关路桥机构的应急管理系统的准备充分性，保证所有反应要素都能全面应对任何应急情况。应急演练的目的主要包括以下几个方面。

（1）检验预案。发现路桥应急预案中存在的问题，提高路桥应急预案的科学性、实用性和可操作性。

（2）锻炼队伍。熟悉路桥应急预案，提高路桥应急人员在紧急情况下妥善处置事故的能力。

（3）磨合机制。完善路桥应急管理相关部门、单位和人员的工作职责，提高协调配合能力。

（4）宣传教育。普及路桥方面的应急管理知识，提高参演和观摩人员的风险防范意识和自救互救能力。

（5）完善准备。完善相关路桥机构的应急管理和应急处置技术，便于相关部门补充应急装备和物资，提高其适用性和可靠性。

三、路桥应急演练原则

路桥的应急演练应符合以下原则。

（1）符合相关规定。按照国家相关法律、法规、标准及有关规定组织开展演练。

（2）切合路桥企业实际。结合路桥企业生产安全事故特点和可能发生的事故类型组织开展演练。

（3）注重能力提高。以提高指挥协调能力、应急处置能力为主要出发点组织开展演练。

（4）确保安全有序。在保证参演人员及设备设施安全的条件下组织开展演练。

四、应急演练分类

（一）按组织形式划分

应急演练按组织形式可分为桌面演练和实战演练。

桌面演练，指参演人员利用地图、沙盘、流程图、计算机模拟、视频会议等辅助手段，针对事先假定的演练情景，讨论和推演应急决策及现场处置的过程，从而促进相关人员掌握应急预案中所规定的职责和程序，提高参演人员的指挥决策和协同配合能力。桌面演练通常在室内完成。

实战演练，指参演人员利用应急处置涉及的设备和物资，针对事先设置的突发事件情景及其后续的发展情景，通过实际决策、行动和操作，完成真实应急响应的过程，从而检验和提高相关人员的临场组织指挥、队伍调动、应急处置技能和后勤保障等应急能力。实战演练要在特定场所完成。

（二）按内容划分

应急演练按内容可分为单项演练和综合演练。

单项演练，指涉及应急预案中特定应急响应功能或现场处置方案中一系列应急响应功能的演练活动，注重针对一个或少数几个参与单位（岗位）的特定环节和功能进行检验。

综合演练，指涉及应急预案中多项或全部应急响应功能的演练活动，注重对多个环节和功能进行检验，特别是对不同单位之间应急机制和联合应对能力的检验。

（三）按目的与作用划分

应急演练按目的和作用可分为检验性演练、示范性演练和研究性演练。

检验性演练，指为检验应急预案的可行性、应急准备的充分性、应急机制的协调性及相关人员的应急处置能力而组织的演练。

示范性演练，指为向观摩人员展示应急能力或提供示范教学，严格按照应急预案规定开展的表演性演练。

研究性演练，指为研究和解决突发事件应急处置的难点问题，试验新方案、新技术、新装备而组织的演练。

不同类型的演练相互组合，可以形成单项桌面演练、综合桌面演练、单项实战演练、综合实战演练、示范性单项演练、示范性综合演练等。

路桥企业应根据自身的实际情况，选择适合企业自身的演练方式。

五、应急演练的相关法律法规

《中华人民共和国突发事件应对法》明确提出"县级以上人民政府应当加强专业应急救援队伍与非专业应急救援队伍间的合作，联合培训、联合演练，提高合成应急、协同应急的能力""县级人民政府及有关部门、乡级人民政府、街道办事处应当组织开展应急知识的宣传普及活动和必要的应急演练"。

《国务院关于全面加强应急管理工作的意见》（国发〔2006〕124号）中要求"要加强对预案的动态管理，不断增强预案的针对性和实效性。狠抓预案的落实工作，经常性地开展预案演练，特别是涉及多个地区和部门的预案，要通过开展联合演练等方式，促进各单位的协调配合和职责落实"。《国务院办公厅转发安全监管总局等部门关于加强企业应急管理工作意见的通知》（国办发〔2007〕13号）也提出"各企业要从实际出发，有计划地组织开展预案演练工作。高危行业企业要针对生产事故易发环节，每年至少组织开展一次预案演练。要加强对演练情况的总结分析，及时发现问题，不断改进应急管理工作。有关部门要加强对企业预案演练的指导，并组织高危行业企业开展联合演练，促进各单位的协调配合和职责落实"。《国务院办公厅关于加强基层应急管理工作的意见》（国办发〔2007〕52号）中要求"街道办事处、乡镇人民政府、基层组织和单位要针对本区域、本单位常发突发公共事件，组织开展群众参与度高、应急联动性强、形式多样、节约高效的应急预案演练"。《国务院关于进一步加强企业安全生产工作的通知》（国发〔2010〕23号）中明确要求，企业应急预案要与当地政府应急预案保持衔接，并定期进行演练。《国务院关于坚持科学发展安全发展促进安全生产形势持续稳定好转的意见》（国发〔2011〕40号）要求，建立、健全安全生产应急预案体系，加强动态修订完善，定期开展应急预案演练，切实提高事故救援实战能力。

《国家安全监管总局关于切实做好安全生产事故应急预案管理工作的通知》（安监总应急〔2007〕88号）明确指出"应加强预案演练，及时完善预案，提高预案的实用性。要通过桌面推演、实战模拟演练等不同形式的预案演练，解决企业内各部门之间以及企业同地方政府有关部门的协同配合等问题，增强预案的科学性、可行性和针对性，提高快速反应能力、应急救援能力和协同作战能力"。《生产安全事故应急预案管理办法》（国家安全生产监督管理总局令第17号）也规定"各级安全生产监督管理部门应当定期组织应急预案演练，提高本部门、本地区生产安全事故应急处置能力"

"生产经营单位应当制定本单位的应急预案演练计划,根据本单位的事故预防重点,每年至少组织一次综合应急预案演练或者专项应急预案演练,每半年至少组织一次现场处置方案演练""应急预案演练结束后,应急预案演练组织单位应当对应急预案演练效果进行评估,撰写应急预案演练评估报告,分析存在的问题,并对应急预案提出修订意见"。

六、路桥应急演练规划

路桥演练组织单位要根据实际情况,并依据相关法律法规和应急预案的规定,制定年度应急演练规划,按照"先单项后综合、先桌面后实战、循序渐进、时空有序"等原则,合理规划应急演练的频次、规模、形式、时间、地点等。

七、路桥应急演练要求

(1)在开展路桥演练准备工作以前应先制定演练计划。包括演练的目的、方式、时间、地点、日期安排、演练策划领导小组构成、经费预算和保障措施等。

(2)路桥演练准备阶段的主要任务是根据路桥的演练计划成立路桥演练组织机构,设计演练总体方案,并根据需要针对演练方案对应急人员进行培训,使相关人员了解应急响应的职责、流程和要求,掌握应急响应知识和技能,为演练实施奠定基础。

(3)路桥的演练实施是将路桥应急演练方案付诸行动的过程,是整个演练程序中的核心环节。演练实施当天演练组织机构的相关人员应在演练前提前到达现场,对演练设备进行检查,确保工作正常,确认无误后按时启动演练。

(4)路桥演练结束后,相关参加人员应针对本次路桥演练进行点评和总结,并从各自的角度总结本次演练的经验教训,确认评估报告内容,拟定改进计划,填写《应急演练效果评估表》。

（5）对路桥应急演练中暴露出的问题，组织参加演练的单位和个人按照改进计划中规定的责任和时限要求，及时采取措施予以改进，修改完善应急预案、有针对性地加强应急人员的教育和培训、对应急物资装备有计划的更新等。

第二单元　路桥应急演练组织机构及职责

一、路桥演练组织机构

路桥应急管理单位应当设立应急指挥小组，应急指挥小组应下设抢险救援组、安全警戒组、医疗救护组、通讯组、后勤保障组和善后处理组等专业组。根据演练规模大小，其组织机构可进行调整。如图4-1所示。

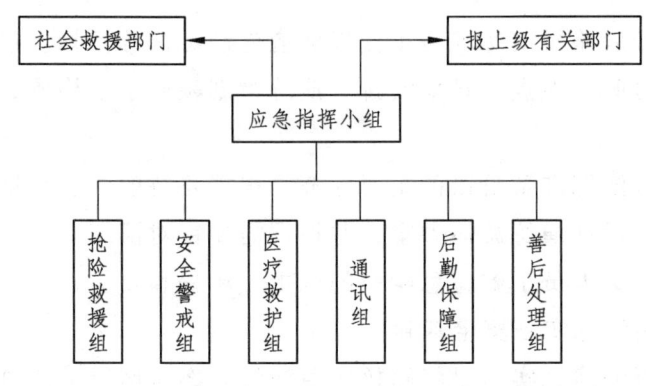

图4-1　演练组织机构

应急指挥小组由总指挥、副总指挥和指挥部成员构成其成员构成情况如下：总指挥由总经理担任，副总指挥由总工程师担任，指挥部成员由副总、救援队长及相关上级领导担任。演练过程中应制定组织机构框图，注明姓名、职务，并悬挂于指挥部醒目位置。制作组织机构通信联络图，注明姓名、职务、固定电话、手机、家庭住址、家庭电话等信息。

二、演练组织机构职责

1. 应急指挥小组总指挥的职能和职责

（1）分析紧急状态确定相应报警级别，根据相关危险类型、潜在后果、现有资源控制紧急情况的行动类型；

（2）指挥、协调应急反应行动；

（3）与企业外应急反应人员、部门、组织和机构进行联络；

（4）直接监察应急操作人员行动；

（5）最大限度地保证现场人员和外援人员及相关人员的安全；

（6）协调后勤方面以支援应急反应组织；

（7）应急反应组织的启动；

（8）应急评估、确定升高或降低应急警报级别；

（9）通报外部机构，决定请求外部援助；

（10）决定应急撤离，决定事故现场外影响区域的安全性。

2. 应急指挥小组副总指挥的职能和职责

（1）协助应急总指挥组织和指挥应急操作任务；

（2）向应急总指挥提出采取的减缓事故后果行动的应急反应对策和建议；

（3）保持与事故现场副总指挥的直接联络；

（4）协调、组织和获取应急所需的其他资源，设备以支援现场的应急操作；

（5）组织公司总部的相关技术和管理人员对施工场区生产过程各危险源进行风险评估；

（6）定期检查各常设应急反应组织和部门的日常工作和应急反应准备状态；

（7）根据各施工场区、加工厂的实际条件，努力与周边有条件的企业在事故应急处理中共享资源、相互帮助、建立共同应急救援网络和制定应急救援协议。

3. 抢险救援组的职能和职责

（1）抢救现场伤员；

（2）抢救现场物资；

（3）组建现场消防队；

（4）保证现场救援通道的畅通。

4. 安全警戒组的职能和职责

（1）执行指挥部命令；

（2）组织治安保卫力量到位；

（3）制定治安保卫措施；

（4）处理突发事件，完成治安保卫任务。

5. 医疗救护组的职能和职责

（1）执行指挥部命令。

（2）组织医疗救护力量到位，保证装备、设施、器材到位、完好。

（3）制定救护队行动方案及措施，指挥救护队行动。

（4）处置突发事件，完成救护任务。

6. 通信组的职能和职责

（1）执行党的路线、方针、政策及有关规定，坚持正确舆论导向。

（2）执行指挥部命令；

（3）及时、正确报道演练情况，做好宣传教育工作，提高职工安全意识；

（4）需要解说时安排解说；

（5）做好保密工作，完成宣传报道任务。

7. 技术处理组的职能和职责

（1）根据各项目经理部及加工厂的施工生产内容及特点，制定其可能出现而必须运用建筑工程技术解决的应急反应方案，整理归档，为给事故现场提供有效的工程技术服务做好技术储备；

（2）应急预案启动后，根据事故现场的特点，及时向应急总指挥提供科学的工程技术方案和技术支持，有效地指导应急反应行动中的工程技术工作。

8. 善后工作组的职能和职责

（1）做好伤亡人员及家属的稳定工作，确保事故发生后伤亡人员及家属思想稳定，大灾之后不发生大乱；

（2）做好受伤人员医疗救护的跟踪工作，协调处理医疗救护单位的相关矛盾；

（3）与保险部门一起做好伤亡人员及财产损失的理赔工作；

（4）慰问有关伤员及家属。

9. 后勤保障组的职能及职责

（1）协助制订施工项目或加工厂应急反应物资资源的储备计划，按已制订的应急反应物资储备计划，检查、监督、落实应急反应物资的储备数量，收集和建立并归档；

（2）定期检查、监督、落实应急反应物资资源管理人员的在位和变更情况并及时调整应急反应物资资源的更新和达标；

（3）定期收集和整理各项目经理部施工场区的应急反应物资资源信息、建立档案并归档，为应急反应行动的启动做好物资源数据储备工作；

（4）应急预案启动后，按应急总指挥的部署，有效地组织应急反应物资资源到达事故现场，并及时对事故现场进行增援，同时提供后勤服务。

根据路桥实际情况、演练规模大小，其相关演练组织机构职责应进行相应的调整。

第三单元　路桥应急演练的组织实施及总结

一、路桥应急演练准备

（一）制定路桥演练计划

路桥的演练计划由文案组编制，经策划部审查后报演练领导小组批准。

主要内容包括：

（1）确定演练目的，明确举办应急演练的原因、演练要解决的问题和期望达到的效果等。

（2）分析演练需求，在对事先设定的路桥事件的风险及应急预案进行认真分析的基础上，确定需调整的演练人员、需锻炼的技能、需检验的设备、需完善的应急处置流程和需进一步明确的职责等。

（3）确定演练范围。根据演练需求、经费、资源和时间等条件的限制，确定路桥演练事件类型、等级、地域、参演机构及人数、演练方式等。演练需求和演练范围往往互为影响。

（4）安排路桥演练准备与实施的日程计划，包括各种路桥演练文件编写与审定的期限、物资器材准备的期限、演练实施的日期等。

（5）编制路桥演练经费预算，明确路桥演练经费筹措渠道。

（二）设计路桥演练方案

路桥的演练方案由文案组编写，通过评审后由演练领导小组批准，必要时还需报路桥主管单位同意并备案。路桥演练方案主要包括以下内容。

1. 确定路桥演练目标

演练目标是需完成的主要演练任务及其达到的效果，一般说明"由谁在什么条件下完成什么任务，依据什么标准，取得什么效果"。演练目标应简单、具体、可量化、可实现。一次路桥演练一般有若干项演练目标，每项演练目标都要在演练方案中有相应的事件和演练活动予以实现，并在演练评估中有相应的评估项目来判断该目标的实现情况。

2. 设计演练情景与实施步骤

演练情景要为演练活动提供初始条件，还要通过一系列的情景事件引导演练活动的继续，直至演练完成。演练情景包括演练场景概述和演练场景清单。

（1）演练场景概述。要对路桥的每一处演练场景进行概要说明，主要说明事件类别、发生的时间地点、发展速度、强度与危险性、受影响范围、人员和物资分布、已造成的损失、后续发展预测、气象及其他环境条件等。

（2）演练场景清单。要明确路桥演练过程中各场景的时间顺序列表和空间分布情况。演练场景之间的逻辑关联依赖于事件发展规律、控制消息和演练人员收到控制消息后应采取的行动。

3. 设计评估标准与方法

演练评估是通过观察、体验和记录演练活动，比较演练实际效果与目标之间的差异，总结演练成效和不足的过程。演练评估应以演练目标为基础。每项演练目标都要设计合理的评估项目方法、标准。根据演练目标的不同，可以用选择项（如：是/否判断，多项选择）、主观评分（如：1-差、3-合格、5-优秀）、定量测量（如：响应时间、被困人数、获教人数）等方法进行评估。

为便于路桥的演练评估操作，通常路桥的相关人员应该事先设计好评估表格，包括演练目标、评估方法、评价标准和相关记录项等。有条件时还可以使用路桥专用评估软件等工具。

4. 编写路桥演练方案文件

路桥的演练方案文件是指导演练实施的详细工作文件。根据演练类别和规模的不同，演练方案可以编为一个或多个文件。编为多个文件时可包括演练人员手册、演练控制指南、演练评估指南、演练宣传方案、演练脚本等，分别发给参与路桥演练的相关人员。对涉密的应急预案的演练或不宜公开的演练内容，还要制订保密措施。

（1）演练人员手册：内容主要包括演练概述、组织机构、时间、地点、参演单位、演练目的、演练情景概述、演练现场标识、演练后勤保障、演练规则、安全注意事项、通信联系方式等，但不包括演练细节。演练人员手册可发放给所有参加演练的人员。

（2）演练控制指南：内容主要包括演练情景概述、演练事件清单、演练场景说明。参演人员及其位置、演练控制规则、控制人员组织结构与职责、通信联系方式等。演练控制指南主要供演练控制人员使用。

（3）演练评估指南：内容主要包括演练情景概述、演练事件清单、演练目标。演练场景说明、参演人员及其位置、评估人员组织结构与职责、评估人员位置、评估表格及相关工具、通信联系方式等。演练评估指南主要供演练评估人员使用。

（4）演练宣传方案：内容主要包括宣传目标、宣传方式、传播途径、主要任务及分工、技术支持、通信联系方式等。

（5）演练脚本：对于重大综合性示范演练，演练组织单位要编写演练脚本，描述演练事件场景、处置行动、执行人员、指令与对白、视频背景与字幕、解说词等。

5. 演练方案评审

对综合性较强、风险较大的应急演练，评估组要对文案组编制的演练方案进行评审，确保演练方案科学可行，以确保应急演练工作的顺利进行。

（三）演练动员与培训

在路桥演练开始前要进行演练动员和培训，确保所有演练的参与人员掌握演练规则、演练情景和各自在演练中的任务。所有路桥演练参与人员都要经过应急基本知识、演练基本概念、演练现场规则等方面的培训。对控制人员要进行岗位职责、演练过程控制和智力等方面的培训；对评估人员要进行岗位职责、演练评估方法、工具使用等方面的培训；对参演人员要进行应急预案、应急技能及个体防护装备使用等方面的培训。

（四）应急演练保障

1. 人员保障

路桥演练参与人员一般包括演练领导小组、演练总指挥、总策划、文案人员、控制人员、评估人员、保障人员、参演人员、模拟人员等，有时还会有观摩人员等其他人员。在演练的准备过程中，演练组织单位和参与单位应合理安排工作，保证相关人员参与演练活动的时间；通过组织观摩学习和培训，提高演练人员的素质和技能。

2. 经费保障

演练组织单位每年要根据应急演练规划编制应急演练经费预算，纳入该单位的年度财政（财务）预算，并按照演练需要及时拨付经费。对经费使用情况进行监督检查，确保演练经费专款专用，节约高效。

3. 场地保障

根据演练方式和内容，经现场勘察后选择合适的演练场地。桌面演练一般可选择会议室或应急指挥中心等；实战演练应选择与实际情况相似的地点，并根据需要设置指挥部、集结点、接待站、供应站、救护站、停车场等设施。演练场地应有足够的空间，良好的交通、生活、卫生和安全条件，尽量避免干扰公众的生产生活。

4. 物资和器材保障

根据需要，准备必要的演练材料、物资和器材，制作必要的模型设施等，主要包括以下内容。

（1）信息材料：主要包括应急预案和演练方案的纸质文本、演示文档、图表、地图、软件等。

（2）物资设备：主要包括各种应急抢险物资、特种装备、办公设备、录音摄像设备、信息显示设备等。

（3）通信器材：主要包括固定电话、移动电话、对讲机、海事电话、传真机、计算机、无线局域网、视频通信器材和其他配套器材，尽可能使用已有的通信器材。

（4）演练情景模型：搭建必要的模拟场景及装置设施。

5. 通信保障

应急演练过程中应急指挥机构、总策划、控制人员、参演人员、模拟人员之间要有及时可靠的信息传递渠道。根据演练需要，可以采用多种公用或专用通信系统，必要时可组建演练专用通信与信息网络，确保演练控制信息的快速传递。

6. 安全保障

演练组织单位要高度重视演练组织与实施全过程的安全保障工作。大型或高风险演练活动要按规定制定专门应急预案，采取预防措施，并对关键部位和环节可能出现的突发事件进行针对性演练。根据需要为演练人员配备个体防护装备，购买商业保险。对可能影响公众生活、易于引起公众误解和恐慌的应急演练，应提前向社会发布公告，告示演练内容、时间、地点和组织单位，并做好应对方案，避免造成负面影响。

演练现场要有必要的安保措施，必要时对演练现场进行封闭或管制，保证演练安全进行。演练出现意外情况时，演练总指挥与其他领导小组成员会商后可提前终止演练。

二、应急演练实施

（一）演练启动

演练正式启动前一般要举行简短仪式，由演练总指挥宣布演练开始并启动演练活动。

（二）演练执行

1. 演练指挥与行动

（1）演练总指挥负责演练实施全过程的指挥控制。当演练总指挥不兼任总策划时，一般由总指挥授权总策划对演练过程进行控制。

（2）按照演练方案要求，应急指挥机构指挥各参演队伍和人员。开展对模拟演练事件的应急处置行动，完成各项演练活动。

（3）演练控制人员应充分掌握演练方案，按总策划的要求，熟练发布控制信息，协调参演人员完成各项演练任务。

（4）参演人员根据控制消息和指令。按照演练方案规定的程序开展应急处置行动，完成各项演练活动。

（5）模拟人员按照演练方案要求、模拟未参加演练的单位或人员的行动，并做出信息反馈。

2. 演练过程控制

总策划负责按演练方案控制演练过程。

（1）桌面演练过程控制。

在讨论式桌面演练中，演练活动主要是对提出的问题进行讨论。由总策划以口头或书面形式，部署引入一个或若干个问题。参演人员根据应急预案及有关规定，讨论应采取的行动。

在角色扮演或推演式桌面演练中，由总策划按照演练方案发出控制消息。参演人员接收到事件信息后，通过角色扮演或模拟操作，完成应急处置活动。

（2）实战演练过程控制。

在实战演练中，要通过传递控制消息来控制演练进程。总策划按照演练方案发出控制消息。控制人员向参演人员和模拟人员传递控制消息。参演人员和模拟人员接收到信息后。按照发生真实事件时的应急处置程序，或根据应急行动方案，采取相应的应急处置行动。控制消息可由人工传递，也可以用对讲机、电话、手机、传真机、网络等方式传送，或者通过特定的声音、标志、视频等呈现。演练过程中，控制人员应随时掌握演练的进展情况，并向总策划报告演练中出现的各种问题。

3. 演练解说

在演练实施过程中，演练组织单位可以安排专人对演练过程进行解说。解说内容一般包括演练背景描述、进程讲解、案例介绍、环境渲染等。对于有演练脚本的大型综合性示范演练，可按照脚本中的解说词进行讲解。

4. 演练记录

演练实施过程中，一般要安排专门人员，采用文字、照片和音像等手段记录演练过程。文字记录一般可由评估人员完成，记录内容主要包括演练实际开始与结束时间、演练过程控制情况、各项演练活动中参演人员的表现、意外情况及其处置等内容，尤其要详细记录可能出现的人员"伤亡"（如进入"危险"场所而无安全防护，在规定的时间内不能完成疏散等）及财产"损失"等情况。照片和音像记录可安排专业人员和宣传人员在不同现场、不同角度进行拍摄，尽可能全方位地反映演练实施过程。

5. 演练宣传报道

演练宣传组按照演练宣传方案做好演练宣传报道工作。认真做好信息采集、媒体组织、广播电视节目现场采编和播报等工作，扩大演练的宣传教育效果。对涉密应急演练要做好相关保密工作。

（三）演练结束与终止

演练完毕，由总策划发出结束信号，演练总指挥宣布演练结束。演练结束后所有人员停止演练活动，按预定方案集合进行现场总结讲评或者组织疏散。保障组负责组织人员对演练场地进行清理和恢复。

演练实施过程中出现下列情况，经演练领导小组决定，由演练总指挥按照事先规定的程序和指令终止演练。

（1）出现真实突发事件，需要参演人员参与应急处置时，要终止演练，使参演人员迅速回归其工作岗位，履行应急处置职责。

（2）出现特殊或意外情况，短时间内不能妥善处理或解决时，可提前终止演练。

三、应急演练评估与总结

（一）演练评估

演练评估是在全面分析演练记录及相关资料的基础上，对比参演人员表现与演练目标要求，对演练活动及其组织过程做出客观评价，并编写演练评估报告的过程。所有应急演练活动都应进行演练评估。

演练结束后可通过组织评估会议、填写演练评价表和对参演人员进行访谈等方式，也可要求参演单位提供自我评估总结材料，进一步收集演练组织实施的情况。

演练评估报告的主要内容一般包括演练执行情况、预案的合理性与可操作性、应急指挥人员的指挥协调能力、参演人员的处置能力、演练所用设备装备的适用性、演练目标的实现情况、演练的成本效益分析、对完善预案的建议等。

（二）演练总结

演练总结可分为现场总结和事后总结。

（1）现场总结。在演练的一个或所有阶段结束后，由演练总指挥、总策划、专家评估组长等在演练现场有针对性地进行讲评和总结。内容主要包括本阶段的演练目标、参演队伍及人员的表现、演练中暴露的问题、解决问题的办法等。

（2）事后总结。在演练结束后，由文案组根据演练记录、演练评估报告、应急预案、现场总结等材料，对演练进行系统和全面的总结，并形成演练总结报告。演练参与单位也可对本单位的演练情况进行总结。

演练总结报告的内容包括：演练目的，时间和地点，参演单位和人员，演练方案概要，发现的问题与原因，经验和教训，改进有关工作的建议等。

（三）成果运用

对演练中暴露出来的问题，演练单位应当及时采取措施予以改进，包括修改完善应急预案、有针对性地加强应急人员的教育和培训、对应急物资装备要有计划地更新等，并建立改进任务表，按规定时间对改进情况进行监督检查。

（四）文件归档与备案

演练组织单位在演练结束后应将演练计划、演练方案、演练评估报告、演练总结报告等资料归档保存。对于由上级有关部门布置或参与组织的演练，或者法律、法规、规章要求备案的演练，演练组织单位应当将相关资料报有关部门备案。

（五）考核与奖惩

演练组织单位要注重对演练参与单位及人员进行考核。对在演练中表现突出的单位及个人，可给予表彰和奖励；对不按要求参加演练，或影响演练正常开展的，可给予相应的批评。

第四单元　路桥应急演练方案

一、A 大桥突发事件应急演练方案

遵照桥梁管理单位文件的相关要求，为增强员工安全责任意识，提高员工在应对各类突发事件的应变和处置能力，结合《中华人民共和国突发事件应对法》《XX 市突发事件应对条例》《XX 市突发公共事件总体应急预案》《XX 市突发事件应急演练指南》《XXX 单位突发事件应急预案》等法律法规、文件规定，编制此演练方案。

（1）演练题目：雷电、强风、暴雨造成重要设施损坏、道路交通中断；造成人员受伤、车辆受损、设施损坏。

（2）演练地点：A 大桥东桥头出城方向。

（3）演练时间：2015 年 5 月 15 日上午 10 时。

（4）演练目的：

① 检验预案。

通过开展应急演练，查找应急预案中存在的问题，从而完善应急预案，提高应急预案的实用性和可操作性。

② 完善准备。

通过开展应急演练检查应急突发事件所需应急人员、物资、装备、技术等方面的准备情况，发现不足及时予以调整补充，做好应急准备工作。

③ 锻炼队伍。

通过开展应急演练增强演练组织部门、参与部门和人员等对应急预案的熟悉程度，提高其应急处置能力。

（5）演练目标：① 提高应急救援能力；② 迅速处置，防止次生灾害的发生；③ 减少财产损失；④ 交通疏导。

（6）演练流程设置：当班东桥头值班安保人员发现情况后立即赶赴现

场进行初期处置并通知监控室——监控室接报后立即报告值班经理并报警——值班经理与当班内保赶往现场查看情况及进行先期处置，并将现场情况报告桥梁管理负责人——桥梁管理负责人接报后宣布启动应急处置预案并上报中心指挥组——各应急小组准备应急物资赶往现场——现场处置（并将现场处置过程重要信息随时上报中心指挥组）——处置结束后，桥梁管理负责人宣布突发事件应急处置结束，并将处置结果上报中心指挥组。

（7）组织结构及职责。（见图5-2）

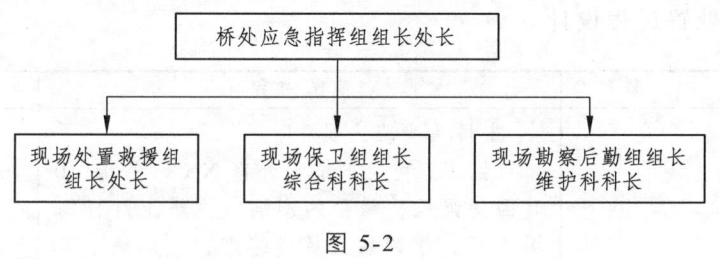

图 5-2

指挥组组长工作职责。

① （组长：刘*）。

• 发布启动桥梁管理部门突发事件应急预案的命令。

• 研究解决突发事件过程中的重大问题，及时向上级汇报请示。

• 按照预案处置程序组织、协调、指挥好突发事件应急处置的实施。

• 随时掌握应急处置的实施情况，并对实施过程中出现的问题采取有效的应对措施，并及时将处理措施、进展情况、结果向上级报告。

② 现场处置救援组工作职责。

（组长：唐**，成员：吴**、黄**、张**、林**、彭**、肖**）

事故发生后，负责组织本小组人员，及时赶赴现场，展开抢险救援工作，抢救伤员、全力排除险情，控制事态进一步发展，避免发生次生灾害，将人员伤亡、财产损失减少到最小，并随时将突发事件的发展趋势以及采取的对策和措施等情况及时上报桥梁管理部门应急指挥组。

③ 现场保卫组工作职责。

（组长：代**，成员：孙**、潘**、胡**、周**、外保2名）

负责组织本小组成员及时赶赴现场，指挥现场安全保卫工作，设置事故现场警戒区，维护现场秩序，疏散危险区域的人员及车辆、必要时封闭交通，对事故现场实施监控。

④ 现场勘察后勤组工作职责。

（组长：曾**，成员：肖**、全**、代**、蒲**、向**）

负责组织本小组成员及时赶赴现场，指挥现场勘察取证工作，掌握第一手原始资料，对桥梁管理部门储备的各类抢险物资进行调配，并根据需要负责联系预案响应单位，调用抢险物资、工程机械和机具为现场处置工作提供有效的物质保障。

（8）处置过程设计。

流程序号	切入阶段	演练流程	采取的措施
1	东桥头作为第一发现人发现情况向监控室报告并采取紧急措施	[东桥头当班人员：] 监控室，我是东桥头外保XXX，今日10时因受强风、暴雨的影响，主桥上灯杆倒塌1根，横跨在主桥道路上，有两辆小车撞上灯杆，车辆无法通行，造成人员受伤，我已设置标志，对受伤人员进行救助，但救援条件有限，无法救助伤员，请尽快派人支援 [中控当班人员：] 明白，请你先尽力在现场设置警示标志，并确保现场安全和做好伤员安抚工作，我立即通知政府职能部门及值班经理赶往现场协助处理。 [东桥头当班人员：] 明白	摆放标志，现场疏导交通为政府职能部门及救援人员的及时到位创造条件
2	监控室向值班经理汇报	[中控当班人员：] 值班经理，我是中控，东桥头岗位报告10点受强风、暴雨的影响，现在主桥上灯杆倒塌1根，横跨在主桥道路上，有两辆小车撞上灯杆，车辆无法通行，造成人员受伤，请你们立即带上物资赶往现场。 [值班经理：] 好的，收到，我立即组织人员带上装备赶赴现场，请你立即报警，请求政府职能部门支援，并密切关注主桥重点部位及事故现场情况，随时向我汇报	

续表

流程序号	切入阶段	演练流程	采取的措施
3	监控室向政府职能部门请求支援	[监控室当班人员]收到110、120、119：我是XX大桥管理单位，现XX桥上灯杆倒塌1根，横跨在主桥道路上，有两辆小车撞上灯杆，车辆无法通行，造成人员受伤被困，请尽快派人支援	关注监控图像，了解道路交通状况
4	值班经理向组长报告情况，组长启动应急预案，并向单位汇报	[值班经理]　刘XX，10点受强风、暴雨的影响，现主桥上灯杆倒塌1根，横跨在主桥道路上，有两辆小车撞上灯杆，车辆无法通行，造成两人受伤被困，我已赶到现场并采取了临时安全措施，请求启动应急预案并请求增派人手进行增援，对XXX各匝道往主桥方向的车辆进行交通引流　[刘XX]　知道了，我宣布立即启动应急预案，各应急小组成员立即集合，准备应急物资，立即赶往现场进行紧急处置。并通知XX公司立即调派8吨的吊车赶往现场对灯杆进行吊离处置救援。[值班经理]明白[监控室当班人员]明白。XX公司：我是XX大桥管理单位，10点受强风、暴雨的影响，现X桥上灯杆倒塌1根，横跨在主桥道路上，有两辆小车撞上灯杆，车辆无法通行，请你们调派8吨的吊车赶往现场进行处置救援。[刘XX]　机关总值班，我是X桥管理负责人，10点受强风、暴雨的影响，现A桥上灯杆倒塌1根，横跨在主桥道路上，有两辆小车撞上灯杆，车辆无法通行，造成两名驾驶员受伤，我已宣布启动应急预案，并组织各应急小组赶赴现场处置。由于路灯倒塌造成交通中断，车辆已大面积拥堵，请求单位增派人手带上标志标牌，赶往现场进行交通引流，保障政府职能部门救援车辆及时赶往现场，我将随时向你们汇报现场处置情况。	到达现场，查看情况，设置安全警示标志，出行交通疏导。向组长、单位总值班汇报情况。接值班经理通知后，组长立即启动预案。各应急小组到现场。

125

续表

流程序号	切入阶段	演练流程	采取的措施
4	值班经理向组长报告情况，组长启动应急预案，并向单位汇报	上级部门领导，我是XX桥刘*，10点受强风、暴雨的影响，现X桥上灯杆倒塌1根，横跨在主桥道路上，有两辆小车撞上灯杆，车辆无法通行，造成两名驾驶员受伤，我已宣布启动应急预案，并组织各应急小组赶赴现场处置。由于路灯倒塌造成杨家坪往南坪方向交通中断，该方向车辆已造成大面积堆积，我已请求公司总值班通知桥梁管理部门增派人手带上标志标牌，从菜园路赶往谢家湾立交前往主桥方向各匝道口进行交通引流，保障政府职能部门救援车辆能及时赶往现场，我将随时向你们汇报现场处置情况	接值班经理通知后，组长立即启动预案。各应急小组到现场。
5	各应急处置小组赶到现场进行处置	现场保卫组 （1）赶到现场后，小组成员立即赶到主桥灯杆倒塌处，设警示标志，封闭事故车行道，同时拆除主桥部分水码和利用交通标志借用对向车道进行交通疏导，并用标志在来车方向留出应急通道，保障政府职能部门救援车辆能快速到达现场施行救援。 （2）利用警戒线，将事故现场周围的十米范围进行隔离，以便于实施现场处置。 （3）与此同时，要求监控室加强对大桥重点部位的巡逻和监控，预防破坏活动的发生。 （4）措施完成后向桥梁管理部门应急小组长报告	设置警戒线，交通疏导，保证救援车辆通行，协助政府职能部门实施救援
		现场勘察后勤组 （1）赶到现场后，立即对现场进行勘察，对设施的损坏状况进行初步评估，将勘察评估结果上报应急小组组长。 （2）派专人对现场损坏程度进行摄影摄像及作好现场笔录，为后期设施恢复准备好第一手资料。 （3）准备好撬棍、铁铲、饮用水及救护包，保障应急处置小组各成员自身安全	取证照相，作好笔录，勘查被损设施和可能发生的次生伤害，测算损失情况，保障物资设备到位

续表

流程序号	切入阶段	演练流程	采取的措施
5	各应急处置小组赶到现场进行处置	现场处置救援组 （1）到达现场后，利用撬棍、铁铲等应急物质对现场进行处置。 （2）组织电工对现场进行断电保护处理，防止二次伤害发生。 （3）协助政府职能部门并指挥吊车对倒塌路灯进行现场处置。 （4）处置完成后向桥梁管理部门应急小组组长报告	组织人员对水箅子进行清掏，直到能保证水箅子畅通为止
6	信息上报	[刘XX] 将现场情况及处置措施向分管安全的领导进行汇报。 上级部门领导，各应急小组已赶到现场，现场处置救援组已利用撬棍、铁铲等对被困驾驶员进行救援，正在等待120的救援，现场设施除部分路面损坏及路灯损坏一根外，暂无其他设施损坏，安全保卫组已在现场设置了警示标志，并借用了对向车道进行交通疏导，预留了应急通道，并正在对现场进行警戒及对过往行人进行疏导；现场勘察后勤组正在进行现场勘察、记录，各应急处置工作正在有序地进行中，一旦有重要信息我将随时向你们汇报。特此报告	随时向分管领导、安全保卫部门汇报处置情况
7	处置结束及总结	[刘XX] 将处置结果向上级部门领导汇报： 上级部门领导，经过各小组通力合作，事故现场已处置完毕，现场也已清理干净，交通已恢复正常通行，特此汇报，请指示	情况总结

（9）安全注意事项。

①演练过程中各小组人员注意自身安全，全体参加人员着反光背心，以保障安全。

②由于演练地点属城市主干道，现场人员主动做好人员疏导及车辆指挥，避免引起负面影响。

（10）演练所需物资及协助单位。

①人员安排：全程照相、摄像人员2名。

②车辆二台，分别为：渝AVN***、渝A16***。

③物资保障：对讲机4台、锥形反光标志40个、撬棍2根、铁锹4把、警戒线200米、扫把4把、担架一副、警示标志牌3块（前方事故提醒标志、禁行标志、交通诱导标志）。

（11）附件。

A大桥应急演练评分表

序号	三级指标	分值及评分说明（评估人员可结合演练实际完成情况和效果，在项目分值之间进行动态评分。）	得分
1	组织机构	5分：按照演练《预案》的要求，设置有完善的组织机构，职责分工明确	
2	演练指挥	5分：有明确的演练总指挥或现场指挥，演练指挥员佩戴袖标或演练职务标证牌	
3	演练方案	7分：符合应急预案规定的原则，制定合理的应急处理方案	
4	参演人员	6分：所有人员参与，处置过程中严肃认真	
5	物资装备	10分：演练物资整齐到位，所有参与人员装备齐全	
6	报告流程	10分：对发生的突发事件报告的内容要素准确（事件种类、时间、地点、损失情况、危害性等）	
7	预案启动	6分：预案启动程序完全符合规定	
8	指挥决策	10分：由演练总指挥负责演练实施全过程的指挥	
9	处置措施	10分：按照发生真实事件时的应急处置程序和应急行动方案采取处置措施	
10	联动协同	8分：预案各小组职责分工明确，协同配合能力强	
11	医疗保障	5分：具备一定的快速组织医疗力量及转移伤员的能力	
12	通信保障	8分：现场具有电话、对讲机等通信工具，使用通畅、良好有效	
13	演练总结	10分：由桥梁管理负责人对演练执行情况、预案的合理性和可操作性、指挥人员能力、参演人员能力、演练装备、演练目标的实现情况、完善预案的建议等内容进行全面总结，对存在的问题要分析到位	
合计得分：			

评判人：

二、B 大桥管理处 2016 年度劳动技能竞赛应急预案演练方案

按照公司 2016 年"五一劳动技能竞赛"应急预案演练要求，增强员工安全责任意识，提高员工处置各类突发事件的应变能力和处置水平来制定本方案，方案对公司管辖范围内的桥梁设施安全范围内突发事件应急管理和处置进行了规范，明确了各岗位在突发事件发生时的应急指挥、应急响应、信息报送、应急处置等方面的职责和任务。让职工时刻保持"如履薄冰"的忧患意识和确保人民生命财产"万无一失"的责任意识，担负起路桥安全卫士的神圣职责。

（一）目的

为了快速、及时处置管辖的桥梁、隧道以及道路可能出现的重大突发事件，建立统一、规范、科学、高效的应急指挥体系，建立分工明确、责任到人、常备不懈的应急处置保障体系，保障公众生命财产安全、大桥设施安全及交通安全，维护正常的工作秩序，最大限度地减少人员伤亡和财产损失，并按照"2015 年度劳动技能竞赛"项目要求，编制此演练方案。

（二）原则

依照"以人为本、预防为主、统一领导、分级负责"的原则，高度重视公共安全工作，常抓不懈，防患于未然。做好应急处置的组织、领导和准备工作，建立和完善突发事件应急机制，整合现有应急资源，建立健全预测预警体系，提高应急管理和处置能力。

（三）依据

依据《中华人民共和国突发事件应对法》《中华人民共和国安全生产法》《XX 市城市桥梁事故灾难应急预案》、XX 单位《突发事件应急处置预案》以及 XX 单位《突发事件应急处置综合预案》的精神制订本方案。

（四）本次演练突发事件的题目

隧道发生垮塌：因隧道中部拱顶出现大量开裂，造成隧道垮塌、通行

车辆被埋压，车辆在隧道内无法通行，人员严重受伤，需立即启动突发事件预案进行抢险救援。

(五) 竞赛时间及地点

时间：2016年5月18日上午10时。

地点：XXX方向下穿隧道进口公路。

(六) 组织机构及职责

1. 组织机构图

详见图4-3。

2. 应急指挥组职责

成员：龚＊（组长）和组员。

（1）发布启动突发事件应急处置预案的命令；

（2）研究解决突发事件处置过程中的重大问题，及时向上级汇报请示；

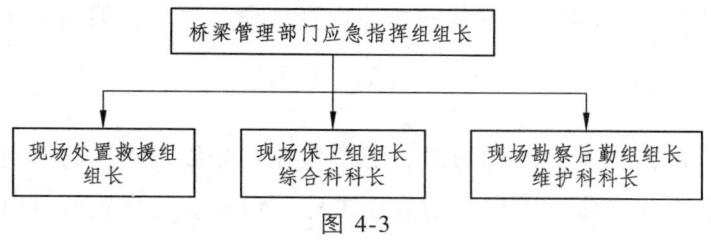

图4-3

（3）按照预案处置程序组织、协调、指挥好突发事件应急处置的实施，并根据突发事件的性质和实际情况，迅速调整抢险救援等实施方案。

（4）及时向上级和有关部门报告突发事件处置进展情况，协调市区相关职能部门，共同处理突发事件；

（5）随时掌握应急处置的实施情况，并对实施过程中出现的问题采取有效的应对措施，并将处理措施、进展情况、结果及时向上级报告，配合有关部门做好突发事件的调查处理。

3. 应急处置小组职责

（1）现场处置救援组。

成员：彭＊（组长）和组员。

车辆：渝 A91N＊＊。

负责组织本小组成员，及时赶赴现场，展开抢险救援工作；抢救伤员、全力排除险情、控制事态不良发展，将人员伤亡、财产损失减少到最小，并随时将突发事件的发展趋势以及采取的对策和措施等情况及时上报桥梁管理部门值班经理及应急指挥组组长。

（2）现场安全保卫组。

成员：罗＊＊（值班经理、组长）和组员。

车辆：渝 A15Q＊＊。

负责组织本小组成员，值班经理第一时间赶赴现场，了解现场状况并向上级报告，对现场进行初期控制处理，防止事态扩大，等待增援，指挥现场安全保卫工作，设置事故现场警戒区，疏散危险区域的行人和车辆、封闭交通，同时加强对大桥重点要害部位的守护，防止可疑人员混乱之际破坏桥隧设施，对肇事嫌疑人实施监控；必要时调动预案相应单位组织安保人员现场救急。

（3）现场勘察后勤组。

成员：张＊＊（组长）和组员。

负责组织本小组成员，及时赶赴现场，指挥现场勘察取证工作，掌握第一手原始资料，根据现场发展的需要，及时调运公司其他桥梁管理部门储备的抢险物资，联系预案响应单位，调用抢险物资、工程机械和机具，为事发现场处置工作提供有效的物资保障，将现场情况及时上报桥梁管理部门值班经理及应急指挥组组长。

（七）隧道垮塌处置程序

1. 报告流程

3号岗保安人员将现场情况报告中控人员——中控人员接警并报告值班经理——值班经理核实情况，并进行先期处理并报告组长——组长（启动专项预案，同时多头汇报公司总值班人员、安全分管领导、110、120、辖区政府应急办等政府职能部门）——分配各小组任务赶往现场组织与处置——现场信息每 30 min 内上报一次——抢险结束——后续处理情况及安排留守人员。

2. 处置流程

（1）预案启动后各应急小组接到任务立即赶赴灾情现场，在到达现场前监控室应同时向110、120、119及区应政府应急办等相关政府职能部门报警，并通知电工切断电源，现场勘察后勤组人员查勘受灾地段有无再次垮塌迹象，在确认无再次滑坡和垮塌的迹象后展开救援工作，如不能判断应请示专家到现场查看垮塌顶部及周边情况。

（2）现场安全保卫组人员同时对危险地段、人行道及道路采取封道处理，在危险区域设置警示标志，设立安全警戒线，维护现场秩序，疏散危险地段附近的居民住户。在路口设置警示标志，疏导交通，请过往车辆改道行驶，防止车辆和人员误入危险区域，并留出应急通道。

（3）现场处置救援组在未确定是否有再次垮塌的情况下，协助安全保卫组人员维持现场，疏散人员，了解洞内情况，在得到批准的前提下协助专业政府职能部门人员进入检查有无被困车辆及行人，发现后对被困人员进行清点并立即实施抢救，对被困车辆进行安全检查，如检有无熄火、漏油等安全隐患存在。

（4）如有条件，在现场救援的勘察组人员组织联系相关施工队伍利用机具设备对现场进行加固后实施清运，现场处置救援组人员配合组织力量对泥石、岩块进行清理转运。并及时将现场情况和处理措施报告指挥长。清理完成后通知环卫部门组织人员对路面进行冲洗，并配合交警及医护人员对受损车辆及受伤人员进行转移。

（5）如没有条件，各小组继续做好安全警戒。现场勘察后勤组人员对事发现场做好资料收集，对抢险救灾的过程进行摄像照相。

（6）根据处置实际情况及领导处置要求决定是否结束本次演练，是否留守人员保卫。

3. 隧道塌方相关信息

（1）塌方原因。

地质条件是造成塌方的基本因素。穿越断裂褶皱带，穿越严重分化的破碎带、堆积层等容易产生塌方。地下水往往也是重要因素，地下水丰富的地区易造成塌方。

（2）塌方分类。

一般塌方：塌方高度小于 80 cm，不涉及管线、建筑物及构筑物。

重大塌方：塌方高度大于 80 cm，且表面有大量渗水，或塌方影响周围管线、建筑物及构筑物安全。

一般塌方的处理措施如下：

① 当塌方段有渗水时，采用塑料管对渗水进行引流处理，防止渗水软化塌方土体，引起连续塌方事故。

② 用方木、工字钢支撑塌方掌子面，及时挂网喷射混凝土封闭塌方土体并对掌子面 5 m 范围内采用工字钢支撑加固，喷射混凝土封闭后在塌方段径向打注浆小导管。

③ 待土体达到规定强度后方可破开工作面，开挖过程中采取增加小导管数量，调整超前支护注浆的浆液类型、配比及注浆压力、持压时间等措施，控制开挖进尺，避免开挖临空时间过长，以免同类事故再次发生。

重大塌方处理措施如下：

① 拨打政府职能部门求救电话。同时组织、疏散事故区域的人员，除抢险人员外，其余工作人员均撤出。在人员疏散时，应告知大家保持镇定，安排好先后顺序，按照所处位置有秩序地撤出，避免出现由于工人对情况不明造成的慌乱，避免出现在撤出时人员拥挤，造成人员伤害。

② 现场需要加固时应立即调集木方、工字钢等应急物资，安排人员对坍塌附近区域进行临时支护避免连续塌方。

③ 会同隧道设计、建设、监理等单位采取应急措施，防止事态的进一步扩大。并请专家研究提出处理方案。

④ 在条件具备时清理土方或杂物，如有人员被埋，采用人工方式挖开土，不得使用铁镐头等坚硬锐利的工具作业，以防止二次伤害。当发现被掩埋人员时，不应使用工具，用手把土刨开，将被掩埋人员拉出，放在担架上迅速转移至安全区域，由救护人员进行救护，并送往医院。

⑤ 涉及管线、建筑物时应通知相关单位对事故现场附近管线、建筑物进行排查，发现管线断、裂等情况，立即进行处理，以免对周围的居民生

活造成影响。发现周边建筑物开裂、倾斜等情况时，立即与建筑物业主联系，疏散建筑物内居民，现场立即对建筑物实施支撑、注浆等加固措施，以确保周边建筑物的安全，将附近居民的损失降到最低。

⑥塌方处理全过程，抢险人员随时观察塌方情况，防止塌方伤人。必须确保通信畅通，并将处理情况、围岩变化情况、人员及机械设备状况等及时上报，以便领导决策，及时提供救援。应急处理措施如下：

在报告的同时，立即组织向事故现场调配备用的抢险机械设备、抢险物资及人员，以配合专业队伍进行抢险工作。当险情危及重大设备及人身安全时，人员、设备应尽快撤离危险区。

应急救援组组织救助队员进行救助工作，并组织医护人员赶赴现场救治受伤人员，情况紧急时向最近的医院求助。

当塌方段有渗水时，采用塑料管对渗水进行引流处理，防止渗水软化塌方土体，引起连续塌方事故。

⑦安全保卫组应在事故现场周围建立警戒区域，维护现场治安秩序。并保证救援通道的畅通，派人在关键路口迎接前来救援的车辆。

4. 物资及协助单位

（1）物资：车辆2台、摄像机1台、照相机1台、反光锥50个，安全警戒带3卷，交通指挥棒4根，对讲机4个，警示标志牌若干（禁行标志、交通诱导标志、事故提醒标志），铁铲2把，铁锹2把，担架1副、救护包1个。

（2）协助单位：交警、火警、急救中心、应急办、专家、环卫公司、工程车辆单位。

（八）现场纪律及要求

（1）应急演练人员统一着制式服装，演练过程中各小组人员注意自身安全，身穿反光背心。

（2）由于演练地点属城市主干道，现场人员主动做好人员疏导及车辆指挥工作，避免引起负面影响。

（3）应急演练人员听从指挥，严肃认真，精神面貌好，不得做与演练无关的事。

（4）汇报人员反应灵活，措词得当，表述清楚。

（5）应急演练各类装备物资整齐到位，演练前后保证现场使用设施设备良好，通信工具、摄影摄像工具等要保持畅通、电量充足。

（6）演练过程中必须做到安全第一，设置好安全警示标志，杜绝安全责任事故的发生。

（7）现场演练结束后全体参演人员到桥梁管理部门会议室，进行演练汇报总结及分析。

（九）附件

附件1：突发事件应急抢险救援处置联系电话名单。

附件2：应急演练评分表。

附件3：应急演练图片。

附件4：应急演练记录。

附件5：应急演练名单。

附件1

突发事件应急抢险救援处置联系电话名单

紧急报警电话	
治安及交通事故报警电话：110	火警电话：119
医疗急救电话：120	市长公开电话12345
预案相关联系单位的电话	
市综合应急救援总队电话：119	市政府值班电话：89016933
市委电话：67886000	治安总队内保支队电话：63961683
市海事局电话：63775128	市安监局电话：67511625

路桥公司突发事件处置预案联系人员的电话			
名称	姓名	职位	电话
应急中心指挥组	张＊＊	组长	
	董＊＊	副组长	
	潘＊＊	成员	
现场安全保卫组	张＊＊	组长	
	周＊	成员	
现场处置救援组	胡＊	组长	
	唐＊＊	成员	
现场勘察后勤组	李＊	组长	
	邓＊＊	成员	
	王＊＊	成员	

协助救援抢险单位联系电话：		
单位	姓名	电话
重庆合源市政工程公司	张＊＊	
九龙坡区保安公司	刘＊＊	
南岸区保安公司	曾＊＊	

菜桥梁管理部门突发事件处置预案联系人员的电话			
名称	姓名	职位	电话
应急指挥组	龚＊＊	组长	
现场安全保卫组	罗＊＊	组长	
	袁＊＊	成员	
现场处置救援组	彭＊	组长	
	华＊	成员	
现场勘察后勤组	张＊	组长	
	黄＊	成员	

附件2

B 大桥应急演练竞赛评分表

序号	三级指标	分值及评分说明（评估人员可结合演练实际完成情况和效果，在项目分值之间进行动态评分。）	得分
1	组织机构	5分：按照演练《预案》的要求，设置有完善的组织机构，职责分工明确	
2	演练指挥	5分：有明确的演练总指挥或现场指挥，演练指挥员佩戴袖标或演练职务标示牌	
3	演练方案	7分：符合应急预案规定的原则，制定合理的应急处理方案	
4	参演人员	6分：桥梁管理部门所有人员参与，处置过程中严肃认真	
5	物资装备	10分：演练物资整齐到位，所有参与人员装备齐全	
6	报告流程	10分：对发生的突发事件报告的内容要素准确（事件种类、时间、地点、损失情况、危害性等）	
7	预案启动	6分：预案启动程序完全符合规定	
8	指挥决策	10分：由演练总指挥负责演练实施全过程的指挥	
9	处置措施	10分：按照发生真实事件时的应急处置程序和应急行动方案采取处置措施	
10	联动协同	8分：预案各小组职责分工明确，协同配合能力强	
11	医疗保障	5分：具备一定快速组织医疗力量及转移伤员的能力	
12	通信保障	8分：现场具有电话、对讲机等通信工具，使用通畅良好有效	
13	演练总结	10分：由桥梁管理部门处长对演练执行情况、预案的合理性和可操作性、指挥人员能力、参演人员能力、演练装备、演练目标的实现情况、完善预案的建议等内容全面总结，对存在的问题分析到位	
合计得分：			

评判人：

附件3 演练图片

附件 4

应急演练记录

组织单位		组织者姓名	

应急演练名称：

演练地点：

演练时间：

内容与要求：

演练过程：

小结：

应急演练主管领导：　　　　　　　应急演练责任人：

附件5

应急演练名单

管理者代表：

消防演练指挥	
消防演练负责人	
消防演练组织者	

环管员：

参加演练人员

第六篇　抢险救灾报告编制

第一单元　抢险救灾报告的编制

路桥救护队在遇到突发情况、紧急事件时能够第一时间进入事故现场，掌握最真实的第一手资料。其提供的抢险救灾报告对于事故调查处理、落实事故责任具有非常重要的意义。

一、抢险救灾报告的要求

抢险救灾报告是对救护队抢险救灾活动和灾区情况的真实写照，是事故调查与处理的重要基础材料。因此，必须编制符合下列要求的抢险救灾报告。

（一）真实性

抢险救灾报告的内容必须符合救灾过程及灾区的实际情况。报告要忠于实际，看到和检测到什么就应该实事求是地记录什么，不能故意隐瞒，也不能随意夸大，更不能弄虚作假、人为变动灾区关键物证和更改检测的技术数据。确因救灾需要，非搬动物品或改变灾区现状不行时，必须进行现场写实记录。

（二）准确性

抢险救灾报告的内容要准确，不能出现错误。技术数据、事故现场、设施现状、巷道情况、遇难人员的尸体特征、位置等的记录和描述必须准确。报告内容不能似是而非，模棱两可，也不能前后不一，出现矛盾。对需要标注或统一编号设施、遇难人员、图例等，所有参战救护队应使用统一规定的标注形式和制作的条带或标牌。为保证检测数据的准确性，应定时定点测量。既要利用现有图纸，又要根据实际进行补充。

（三）全面性

抢险救灾报告的内容要全面，结构要合理，不能出现内容上的疏漏和结构上的缺失。报告应该包括抢险救灾的全过程、主要的工作内容及结果，但全面性并不等于无重点的材料堆积。

（四）概括性

对抢险救灾报告内容所涉及原始资料进行分类归纳及整理。根据事故的性质找出侧重点，按照一般描述、重点描述编制报告。切忌流水账式的材料罗列，要详略得当，在全面描述的基础上突出重点。

二、抢险救灾报告的内容及构成要素

（一）抢险救灾报告的内容

1. 救护队出动情况

包括救护队接警及到达时间、出动小队及人员数量、携带的主要技术装备、所了解的事故性质及遇险人员数量等。

2. 抢救过程

主要包括抢救指挥部及相关救护指挥机构组织指挥救灾的主要过程。涉及主要救灾方案和行动计划、实施每项救援任务的救护队完成任务的时间、实施过程及结果，最终完成抢救任务的情况。

3. 路桥现状及设施、设备损坏情况

主要包括：路桥破坏情况、通风设施破坏情况、物品倒向、设备损坏及位移、残留物的分布、水位或火源位置等。

4. 遇难人员分布及特征

主要包括：遇难人员编号、距离、尸体外表特征、受伤情况、随身物品、倒向、遇难者所在位置、路桥名称及附近的主要特征。给遇难人员进行编号时，如多个救护小队同时工作，可按在同一路桥中发现的时间顺序统一编号；如一个救护队工作，可按在整个灾区发现的时间顺序统一编号。

（二）构成要素

根据上述抢险救灾报告所涉及的内容，从结构上可以归类为三大部分，即文字部分、图表部分和图纸部分。

1. 文字部分

这是指抢险救灾报告中需要用文字描述的内容。包括事故发生后自救情况，救护队出动情况，抢救过程、路桥、设施、设备损坏情况、遇难人员分布及特征及风流状况等。

2. 图表部分

用文字描述不直观或难以看出变化规律的内容，用曲线图或表格表示。如观测点的气体浓度、温度变化、风量变化等。

3. 图纸部分

根据灾区实际情况绘制的示意图或者写实图。有条件时尽量按正规制图要求绘制，对因救灾而需要搬动或改变的路桥设施、设备应绘制写实图，必要时可绘制局部放大图。

三、抢险救灾报告的编制

（一）资料收集

1. 救护资料收集

在处理事故时，救护指挥部或救护队应安排专人负责收集资料。将各队出动小队数、人数、主要装备情况、出动及到达路桥时间进行统计。每个小队要安排专人记录。每次完成任务后，将完成情况及现场实际情况进行整理，分阶段或事故处理结束后，统一汇总整理，形成每个救护队的救灾报告，领队指挥员签字后，交救护指挥部专门负责资料收集的人员。

2. 资料归纳整理

救护指挥部或救护指挥员要安排专人负责抢险救灾报告的编写。报告编写人员首先把收集到的资料进行归纳，其次按时间顺序进行简单排列和整理。在此基础上，按区域分别整理路桥、设施及设备的损坏情况，遇难人员的分布及特征。

（二）编写报告、填绘事故现场示意图

用最简单的语言、最形象的描述、最直观的表格、最准确的图纸完成报告的编写。

（三）抢险救灾报告的格式

XXX 桥 XXX 事故抢险救灾报告

1. 事故发生经过

这部分内容可以简写。

2. 救护队出动及抢救经过

以时间顺序为主线编写。对主要的组织指挥措施、任务的内容及要求、实施的结果进行描述。

3. 路桥现状及设施、设备损坏情况

按路桥分别进行描述。

4. 遇难人员的分布及特征

对人员遇难情况进行详细描述。

5. 事故过程图片

略。

6. 抢险救灾过程总结

抢险救灾过程总结包括做得好的方面和以后工作过程中需要提高和改进的地方。

第二单元　路桥抢险救灾报告

一、超高车辆撞击引桥抢险救灾报告

（一）事故发生的经过

2012年10月28日12时28分，一辆车牌号为冀FB5296的重型拖挂车装载挖掘机由××大桥向××方向行驶，在途经××大桥西引桥下方时，无视前方门架式提示牌上限高4.5m的提示，强行通过。车辆所装载的挖掘机机臂撞上××桥西引桥上游幅边跨T梁并卡在梁端处，致使桥梁结构严重受损，碎石散落在所有的车道上，××立交H匝道两端入口交通中断。

（二）救援队出动及抢救过程

（1）事发后，桥梁管理单位保安人员立即通过对讲机向值班人员进行了情况报告，值班人员立即将此事件向当日值班经理、桥梁管理负责人进行报告并拨打110报警。

（2）接到报告后，桥梁管理负责人、值班经理等立即赶到事发现场，成立了现场指挥部，并安排值班经理带领保安人员对相关车道进行临时交通封闭。

（3）现场维护人员配合随后到达的桥梁检测公司专业检测员对受损部位进行照相、摄像取证并详细记录。

（4）桥梁管理负责人在掌握事件情况后立即向桥梁管理单位有关部门、领导进行了报告，得到指示后安排人员立即配合交巡警完全封闭××立交H匝道两端入口交通，并由值班经理确认××立交H匝道两端入口已完全封闭，并在入口处由安保人员对车辆进行疏导，指挥车辆改道行驶。

（5）交巡警对事故现场进行交通疏导并勘察事故现场。为避免T梁受到二次伤害，随后使用桥梁管理部门巡逻车引导肇事车辆移出 T 梁处，18 时，肇事车辆移出后停放至交巡警指定停车地点，并开具扣车手续。

(三) 路桥现状设施、设备损坏情况

事发后第三天，桥梁管理单位邀请桥梁专家会同桥梁检测公司再次对受损 T 梁进行勘查并研究修复方案。在对受伤 T 梁采取保护措施后，嘉华大桥往谢家湾、南岸往嘉华大桥的两个匝道重新开放。2012 年 12 月 1 日，对受损 T 梁进行重新更换；2013 年 1 月底，全面恢复××立交 H 匝道的交通。

(四) 遇难人员情况

由于抢救及时，无人员遇难。

(五) 抢险救灾过程图片

如图 6-1~图 6-4 所示。

图 6-1

图 6-2

图 6-3

图 6-4

（六）抢险救灾过程总结

此次突发事件中，桥梁管理单位各岗位人员报告流程规范，人员反应迅速，能快速到达事发现场开展力所能及的处置。分析整个处置过程，仍有待改进和提高之处：一是知道 T 梁被撞，部分员工主观上认为只是很小的擦剐事故，思想重视不到位，有待在今后通过开展各类突发事件的桌面推演和实战演习，从思想上不断强化员工对突发事件的认识。二是在整个事件的处置中，桥梁管理单位过度依赖于专家、检测公司，技术力量存在不足，职工要加强学习，深入掌握桥梁重点结构部位等知识，及时准确判断受损程度。三是在今后工作中，要加强与交警部门的协助，借用政府职能部门的力量，有序疏导主桥交通。四是值班中控人员应随时对辖区的交通、桥梁重点要害部位情况进行观察和报告，使处长能全面掌握工作。五是部分桥梁设备设施存在不合理情况，前方门架式提示牌的高度设置应比 T 梁的高度略低（现已由原来的 4.5 m 调整为 3.5 m），并在前方一定距离设置交通提示标志提醒车辆驾驶员注意。

二、L匝道桥台下方起火事故抢险救灾报告

1. 事故发生的经过

2015年6月28日0时45分，××立交L匝道桥台下方突然起火，当值保安发现后立即通知了值班中控员，中控接报后立即将此情况报告给了值班经理。

2. 救援队出动及抢救经过

（1）值班经理接报后立即跑步赶赴现场核查情况，同时迅速组织现有人员和灭火设备赶赴现场试图进行初期的扑灭处理，并向消防报警。

（2）0时50分左右桥梁管理部门人员集结到位后，发现该处火势较大，光靠灭火器不能扑灭，为此桥梁管理部门采取了立即封闭交通的措施，并为消防车预留了通道，同时向当天总值班进行了汇报。

（3）0时52分两辆消防车赶到现场接管了灭火处置工作，1时20分火灾扑灭后撤离了现场，整个过火时间约40min，主要燃烧物为树木枯叶，起火原因疑是周边居民祭祀引起。桥梁管理部门处长也及时将此情况电话汇报给上级安全分管领导。

（4）火灾扑灭后因温度仍然较高，为确保，桥梁安全管理部门继续封闭交通，并于3时左右待温度自然降低后组织技术人员对过火设施进行检查，经目测该处桥台过火面积约$10m^2$，桥台处箱梁无混凝土爆裂等明显异常变化情况，随后恢复了正常通行。

3. 路桥现状及设施、设备损坏情况

事故发生后的第二天，再次通过目测、触摸的方式对过火桥台进行了检查，除部分区域出现类似鱼鳞状纹路外，未发现明显劣化迹象。鉴于过火时间较短，且无明细劣化迹象，经与公司技术分管领导及相关部门商议后，一致认为该处设施过火后未造成结构损伤，无需委托专业资质单位进行特殊检测。

12月7日再次组织技术人员对该处过火设施进行了检查，混凝土表面未发现明显裂缝，部分区域存在鱼鳞状细微裂纹，未见混凝土表层剥落，

未见混凝土出现粉末状，未见钢筋外露，部分区域混凝土表面颜色呈现出浅红色，梁体整体未见明显下挠，支座未出现明显变形、破坏，与前次检查情况相比无明显变化。

4. 遇难人员情况

由于抢救及时，无人员遇难。

5. 抢险救灾过程总结

此次突发事件中，桥梁管理处受理及时，反应快速，各应急小组在接到任务后第一时间做出合理处置，并及时准确地进行了报告。分析整个处置过程，仍有待改进和提高之处：一是发现可燃物或有人燃烧时就应该尽早制止。二是桥梁管理部门平时应该在全线范围内开展了安全排查，明确各个桥梁管理平台的管理责任，并要求定期清理桥台下方堆积的枯枝落叶等易燃杂物。只有人人都尽到应有的责任，才能避免类似事件再次发生。

三、"1.30" C 大桥重大交通事故抢险救灾报告

1. 事故发生的经过

2011年1月30日16时27分，监控室发现C大桥主桥由北至南的方向一辆丰田凯美瑞小轿车因车速过快失控，冲出中央隔离带，与由北至南行驶的四川牌照的川AN133V的天汽美亚越野车相撞，导致轿车当场起火。值班人员立即通知南桥头保安到现场查看，确认后拨打119、120等急救电话，并及时向值班经理进行汇报。

2. 救援队出动及抢救经过

值班经理彭**向朝桥梁管理部门长刘*汇报情况，并预计该重大事故现场有人员伤亡，刘*处长立即向公司相关领导汇报并要求启动应急预案并做了安排。（1）彭**为现场处置组组长，带领陈*、张**使用巡逻车携带20具灭火器及标志牌，在5min内赶到了现场。（2）安全保卫组组长石

带领许、何**使用工作车到现场立即疏散滞留人员及车辆到事故现场200 m外的地方并且疏导过往车辆，同时开通对面车道水马，引导119、120、110快速到达现场。（3）总指挥刘*及现场勘察组组长朱**及秦*坐出租车到现场后使用相机、摄像机拍摄相关资料，并核查设施损坏情况，为后期索赔提供相关资料。（4）刘*处长在到达现场后再次向公司相关领导汇报该情况。

由于交通事故重大，现场火情复杂，桥梁管理部门携带的20具灭火器均未能将火灾扑灭。事故发生后，17时消防车辆到达现场，工作人员立即向消防人员讲解情况并配合灭火，17时40分现场火灾消除。

3. 路桥现状及设施、设备损坏情况

现场火灾消除后，现场核查组朱**及秦*立即对损坏的设施进行统计，并由安全保卫组通知环卫车辆及时清除事故现场垃圾和路面油污，现场处置组对受损的中央隔离带进行恢复，保证道路畅通，19时30分经确认无安全隐患后，安全保卫组在所有处突人员及处突车辆离开现场后逐步恢复交通。

4. 遇难人员情况

该轿车上的2人被困当场死亡，越野车上4名驾乘人员受重伤，其中1人在送往医院途中死亡。

5. 抢险救灾过程总结

此次突发事件中，桥梁管理处各岗位人员报告流程规范，人员反应迅速，能快速到达事发现场开展力所能及的处置。分析整个处置过程，仍有待改进和提高之处：一是由于交通事故重大，现场火情复杂，桥梁管理部门携带的20具灭火器均未能灭火。这说明对火情分析不够准确，思想重视不到位，有待在今后通过开展各类突发事件的桌面推演和实战演习，从思想上不断强化员工对突发事件的认识。二是中控人员应随时对辖区的交通、桥梁重点要害部位的情况进行观察和报告，使处长能全面掌握工作进展情况。

四、大石路立交高架桥消防车侧翻事故抢险救灾报告

1. 事故发生的经过

2013年8月27日14时15分左右,一辆自重26 t的消防云梯车在XX路立交高架桥弯道处由于车速过快,车辆失去控制,撞上高架右侧防撞护栏,在撞断20 m左右的防撞护栏后,消防车侧翻在高架防撞栏杆上,消防车上无人员伤亡。

2. 救援队出动及抢救经过

2013年8月27日14时20分,XX桥监控室值班人员通过监控视频发现大石路立交高架下方主干道路面有障碍物。经仔细查看核实,发现是因上方高架桥上有一辆大型车辆侧翻,将立交防撞护栏撞断后掉落至下方车行道,现场设施、车辆具体受损情况及人员伤亡情况不明。监控室值班人员立即向当班值班经理报告相关情况,值班经理和保安接到报告后立即带上反光锥、皮尺、相机等相关物资驾车赶往现场查勘情况。

经现场查勘,一辆自重26 t的消防云梯车在大石路立交高架桥弯道处由于车速过快,车辆失去控制,撞上高架右侧防撞护栏,在撞断20 m左右的防撞护栏后,消防车侧翻在高架防撞栏杆上,消防车上人员无伤亡。撞断的防撞护栏落在下方主干道上,未产生次生灾害。被撞水泥挡墙上有数处受损的护栏,支座悬吊在高架外侧,随时可能断裂掉落,安全隐患非常严重。

值班经理立即将现场情况向桥梁管理负责人李*进行了通报。李*接报后立即赶到事发现场,一方面组织工作人员利用氧割对悬空的护栏和支座进行清除,防止发生次生灾害;另一方面组织人员配合交警部门在周边道路设置警示标志,并对过往车辆进行疏导,为下步施救工作做好准备。

下午16时30分重庆大件公司的两台大型吊车到达现场进行处置,至22时30分,经过约6个多小时的施救,消防车被成功吊起,在事故车辆驶离现场后,桥梁管理部门立即组织环卫单位对现场进行了清理,消防部门也利用水车对事故地段的油污路面进行了清洗,至23时交通恢复正常。

3. 路桥现状及设施、设备损坏情况

此次事故造成防撞护栏损坏 20 余米，护栏底座损坏 10 个，防撞墙损伤 10 余米，部分绿化损坏，已对现场进行记录取证。

4. 遇难人员情况

该事故无人员伤亡。

5. 抢险救灾过程图片

见图 6-5 和图 6-6。

图 6-5

图 6-6

6. 抢险救灾总结

正所谓"台上一分钟，台下十年功"，正是因为桥梁管理部门对突发事件处置演练的重视和平时员工对各自岗位技能的熟练掌握，才避免了损失的扩大及次生灾害的发生。